NATURGEHEIMNIS RHEINDELTA

Für Ihre langjährige Tätigkeit als
Obmann der Ortsgruppe Hohenems
danken wir Ihnen ganz herzlich
und wünschen Ihnen weiterhin
alles Gute.

Vorarlberger Familienverband

Ivo Brunner

NATURGEHEIMNIS RHEINDELTA

Herausgeber und Verleger:
Eugen-Ruß-Verlag, Bregenz, 1991
Druck: RUSS-DRUCK, Lochau
Printed in Austria
Copyright by Ivo Brunner
Künstlerische Gestaltung und Buchausstattung:
Rudolf Zündel

ISBN
3-85258-019-6

VORWORT

Feuchtgebiete gehören, zusammen mit den Tropenwäldern, zu den vielfältigsten Ökosystemen der Welt. So sind sie zum Beispiel nicht nur von unschätzbarem Wert als Laichplatz und „Kinderstube" für Fische, sondern auch als Rast- und Nahrungsgebiete für Zugvögel, die sich hier, oft zu vielen Zehntausenden, von ihren langen Wanderungen erholen.

Dieses Buch behandelt das Vorarlberger Rheindelta, eines jener einmaligen Feuchtgebiete, für dessen Erhalt sich der WWF schon seit vielen Jahren einsetzt. Es stellt die natürliche Vielfalt dieses Raumes auf vorzügliche Weise dar. Eine solche Darstellung ist nicht nur erfreulich, sondern auch notwendig, denn auch eine Naturschutzorganisation wie der WWF, der jährlich mehr als 300 Feuchtgebietsprojekte finanziert, kann nur dann nachhaltige Erfolge verbuchen, wenn der Wert von Feuchtgebieten einer breiten Öffentlichkeit bekannt ist und die Arbeit des WWF von einer großen Zahl von Menschen unterstützt wird. Ich habe mich selber schon mehrmals für Schutzaktionen für dieses Delta eingesetzt.

Ich hoffe, daß dieses Buch dazu beitragen wird, immer mehr Menschen für eine gute Sache, den Schutz der Feuchtgebiete, zu gewinnen.

Bernhard

Prinz Bernhard der Niederlande
Gründungspräsident des World Wildlife Fund

EINLEITENDE GEDANKEN

Aus der Perspektive der Natur stellt das Vorarlberger Rheindelta, das am Südufer des Bodensees die nordwestlichste Ecke Österreichs bildet, eine europäische Einzigartigkeit dar. In dieser Mündungslandschaft des Alpenrheins, dem größten Süßwasserdelta des mitteleuropäischen Binnenlandes, finden sich Lebensräume für Flora und Fauna, die breites internationales Interesse hervorgerufen haben.

Den Reiz dieser Landschaft am Wasser, der heutzutage zu einer starken Besiedelung geführt hat, haben auch schon Dichter früherer Jahrhunderte entdeckt. Der Lyriker Eduard Mörike schrieb bei seiner Reise von Deutschland nach Hard und Fußach, er sehe sich „in einem schönen Amphitheater von nahen und entfernten Gebirgen, das nach dem See hin offen ist", und die Region des Rheindeltas mag ihm auch die Anregung zu seinem Versepos „Idylle vom Bodensee", der wahrscheinlich schönsten Bodenseedichtung, verliehen haben. Natur und Mensch müssen in diesem Gebiet eine besondere Symbiose bilden – eine Publikation in Wort und Bild kann dabei behilflich sein. Naturstimmungen im Rheindelta, jahreszeitlich und tageszeitlich variierend, sind deshalb in diesem Band festgehalten, und die vielfältigen Farben, Formen und Strukturen der Natur ergeben einen Bilderzyklus, der sich vom Augenscheinlichen zum Verborgenen vortastet.

Verszeilen namhafter Bodenseeliteraten stellen sich den Landschaftsbildern gegenüber und nehmen den Dialog mit der Natur auf. Sie mögen zugleich zum meditativen Verweilen einladen.

Die Abbildungen der naturwissenschaftlichen Welt sind von sachlichen Informationstexten begleitet und lüften so die Geheimnisse der mikrobiologischen Wunderwelt. Somit präsentiert sich das Rheindelta aus zwei Sichtweisen: aus dem Weitwinkelobjektiv der Landschaftsaufnahmen und der Mikroperspektive der Tier- und Pflanzenwelt – eine Palette von Schönheiten und Raritäten, die man als „Naturgeheimnis" umschreiben möchte.

Ivo Brunner

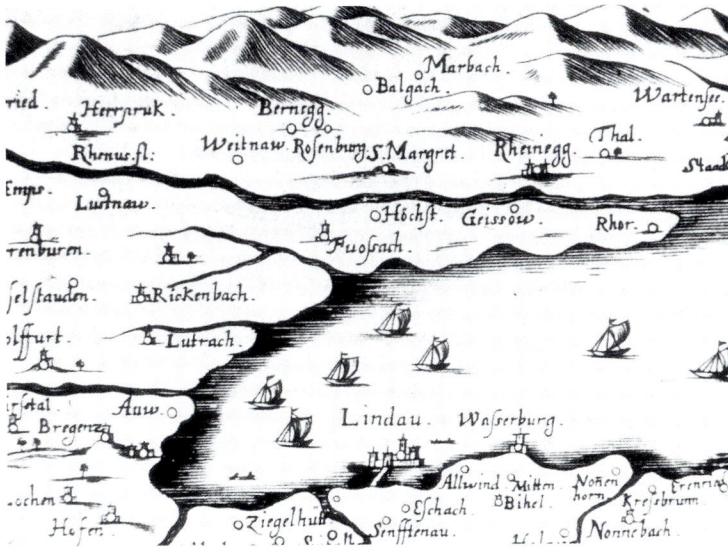

Die Karte von 1667 zeigt eine schematische Darstellung des östlichen Teiles des Bodenseeraumes.
Auf einer schmalen Landzunge zwischen den Flüssen Rhein und Fußach liegen die Gemeinden Höchst, Fußach und Gaißau sowie die Parzelle Rohr.

DIE WELT INTERESSIERT SICH

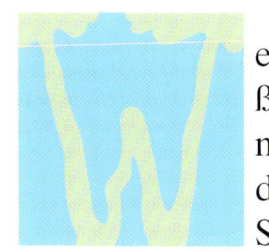Wenn Natur und Natürlichkeit zwei Größen geworden sind, die dem Zivilisationsmenschen des zwanzigsten Jahrhunderts den Ausstieg in eine entrückte, streßfreie Sphäre ermöglichen können, dann wird es einsichtig, daß Naturlandschaften wie das Vorarlberger Rheindelta gesteigertes Interesse finden.

Der etwas strapazierte Ruf „Zurück zur Natur", das literarische Vermächtnis des naturzugewandten Jean-Jacques Rousseau vor mehr als 200 Jahren, klingt in manchen Menschen, die die Grenzen des Fortschritts vergessen machen wollen, auch heute noch als unumstößlicher Leitsatz.

Mit dieser romantischen Hinwendung zum Naturgedanken, die oft den Mythos der schönen und reinen Natur geradezu beschwört, messen sich aber auch besorgte Ökologen und Biologen, die, sich an wissenschaftlichen Kriterien orientierend, den Wert einer Naturlandschaft betonen.

Das durch die drei Gemeinden Höchst, Fußach und Gaißau besiedelte Rheindelta liegt nicht nur aufgrund der mitteleuropäischen Grenz- und Verkehrslage im internationalen Interessensfeld, sondern lenkt auch aus verschiedenen Gründen weltweite ökologische Beachtung auf sich.

Die österreichische Bundesregierung hat es als eines der fünf Schutzgebiete nach der Ramsar-Konvention nominiert. Im Jahr 1982 trat Österreich diesem 1971 in Ramsar (Iran) erstellten „Übereinkommen über Feuchtgebiete, insbesondere als Lebensraum für Wasser- und Watvögel, von internationaler Bedeutung" bei und hat sich verpflichtet, die Erhaltung dieser international bedeutenden Feuchtlebensräume zu fördern. Mit den weiteren vier österreichischen Schutzgebieten Neusiedler See mit Lacken im Seewinkel, Donau-March-Auen, Untere Lobau und den Stauseen am Unteren Inn findet sich also das Vorarlberger Rheindelta am Bodensee in guter Ökogesellschaft.

Der Ramsar-Staatsvertrag, vom österreichischen Nationalrat beschlossen und von vielen UNESCO-Staaten der Welt unterzeichnet, ist in der Erkenntnis der wechselseitigen Abhängigkeit des Menschen und seiner Umwelt entstanden. Der Natur gegenüber zeigten dabei die Ländervertreter aller Erdteile – von den Niederlanden bis Australien, von Gibraltar bis Japan – Verantwortung und ließen sich überzeugen, „daß Feuchtgebiete ein Bestandteil des Naturhaushaltes und von großem Wert für Wirtschaft, Kultur, Wissenschaft und Erholung seien und ihr Verlust unwiderbringlich wäre".

Die Auswahl des Rheindeltas als Feuchtgebiet von internationaler Bedeutung richtet sich nach quantitativen und qualitativen Kriterien. Das Vorarlberger Rheindelta erfüllt die geforderten Kriterien bei den Wasservögeln durch mehrfaches Auftreten von über 10.000 Exemplaren bei einzelnen Arten, durch das Vorkommen von Bläßhuhn, Gänsesänger, Kolbenente, Reiherente, Schnatterente und Tafelente sowie bei den Watvögeln durch die Gesamtzahl von mehr als 1000 Exemplaren. Aufgrund der noch großen zusammenhängenden Streuwiesen mit stellenweise sehr nassen Bodenverhältnissen ist das Rheindelta auch das wichtigste Brutgebiet am „internationalen" Bodensee. Überdies gilt das Rheindelta als bedeutendster Winterrastplatz für Wasservögel in Österreich. Das Auftreten z. B. des seltenen Großen Brachvogels scheint für Binneneuropa sogar einzigartig zu sein.

Man sollte vielleicht mit Ausdrücken wie Seltenheit, Einzigartigkeit, Schönheit und Wunder der Natur etwas sparsamer umgehen. Die naturbezogenen Erscheinungsformen im Rheindelta entlocken einem aber immer wieder solche Vokabeln. Sie ziehen auch internationale Vereinigungen und Institutionen in ihren Bann. So

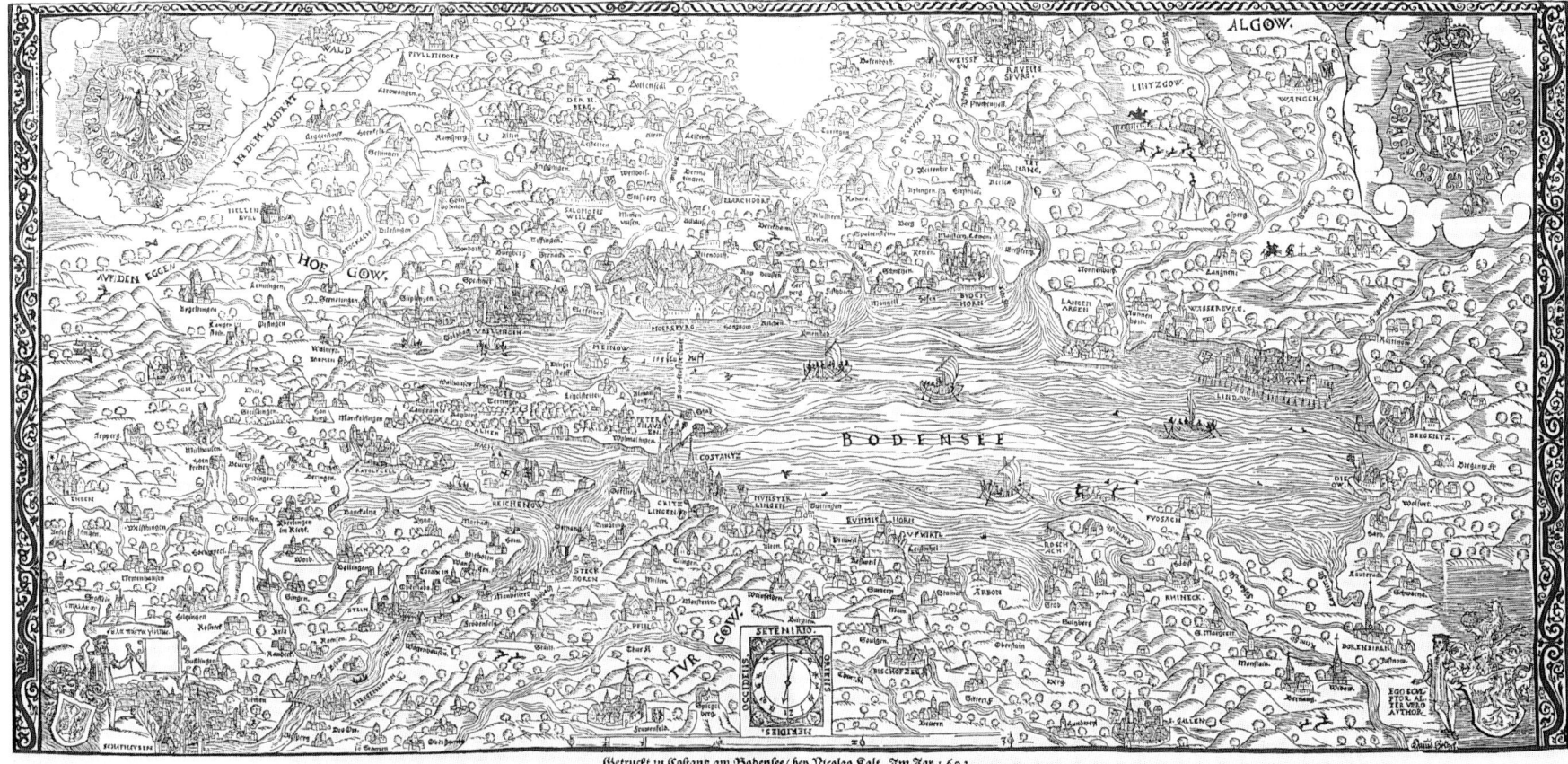

Bodenseekarte von 1603

wurde im Jahre 1964 das Rheindelta in das Tätigkeitsprogramm des World Wildlife Funds (WWF) international als „Projekt 143 mit besonderer Dringlichkeit" aufgenommen. Im Jahre 1973 führte die Eidgenössische Technische Hochschule Zürich eine vom WWF in Auftrag gegebene Vegetationskartierung im Rheindelta durch. Die Deutsche Ornithologische Gesellschaft, der Schweizer Bund für Naturschutz oder das Österreichische Institut für Naturschutz und Landschaftspflege sind andere bedeutende Institutionen, die sich mit Vorschlägen und Interventionen um das Rheindelta bemühen. Auch das im Jahr 1971 auf Schloß Mainau unterfertigte Bodenseemanifest nimmt auf die international anerkannten Naturschutzgebiete Rücksicht.

Die Welt interessiert sich – das 40 km² kleine Rheindelta, eingerahmt von den Mündungsarmen des Alpenrheins und dem Bodensee, hat sich einen internationalen Stellenwert inmitten Europas gesichert.

LANDSCAPE, WÄRME, WIND UND WETTER

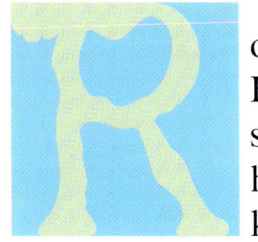Rousseau, Byron oder de Saussure, die Entdecker und Beschreiber der Naturschönheiten im 18. und 19. Jahrhundert, hätten gewiß ihre Reiseroute, von Süden kommend, durch das nördliche Alpenrheintal gewählt, wären sie nicht von elementaren Vorgängen, von der bedrohlichen Kraft des Wassers im Rheindelta, abgehalten worden. Wer früher die Alpenüberquerung gemeistert hatte und den Weg in den westlichen Bodenseeraum nach Konstanz einschlug, orientierte sich vorerst am Lauf des Rheins.

Das oft von Überschwemmungen bedrohte, teils auch historisch unbekannte Mündungsgebiet des Rheins wurde aber meist umgangen. Für den Reisenden von heute stellt sich das Gebiet anders dar. Die markante topographische Lage am Südostende des Bodensees und die breiten Mündungsarme des Alten und Neuen Rheins lassen das Rheindelta auf dem Europa-Atlas schnell orten. Dort, wo der Nordrand der Alpen mit dem österreichisch-schweizerischen Rheintal den Schnittpunkt bildet, wo ein großteils naturbelassenes Bodenseeufer im Verbund mit dem Alten Rhein die nordwestliche Ecke Österreichs einzäunt und wo der im Jahr 1900 von Menschenhand erbaute Kanal dem Neuen Rhein ein neues Bett gegeben hat, dort findet man die Siedlungs-, Ried- und Seelandschaft des Vorarlberger Rheindeltas. Die Natur dieses Landstriches ist nicht eitel Schönheit. Sie ist vornehmlich eine Erscheinungsform geologischer und klimatischer Vorgänge vieler Jahrtausende, in die der Mensch, als Teil und Teilhaber der Natur, immer vehementer hineingebunden ist. In der Zeittafel erdgeschichtlicher Dimensionen muß sich der Mensch jedoch zu etwas Unbedeutendem relativiert sehen. Die Entwicklung der geologischen Verhältnisse im Rheindelta verzahnt sich im weiter gespannten Gebiet des Bodenseeraumes. Der Bodensee selbst, der oft als tektonisch bedingter Graben betrachtet wird, findet eine geologische Parallelität im sanktgallisch-vorarlbergischen Rheintal, das gebietsweise unbestritten einen Grabenbruch mit treppenförmigen Versetzungen bis zu 2000 Metern erkennen läßt. Dadurch war der späteren Erosion die Richtung vorgezeichnet, und die Gletschermassen der Eiszeit konnten den Weg des Rheinsystems einschlagen. Tiefe glaziale Ausschürfungen der Rißzeit erweiterten das Seebecken vermutlich über 20 Kilometer hinauf ins Alpenrheintal. Während der 14.000 Jahre, die seit dem endgültigen Verschwinden des Gletschereises aus dem Bodensee verstrichen, lagerte der Rhein seine Geschiebemassen aus Schutt, Geröll, Sand und Ton ständig ab. Dies führte zu einer allmählichen Verlandung, und die Mündungsgebiete des Rheins schoben sich stets nach Norden. Die Bewohner des Rheindeltas haben sich somit auf der jüngsten Auflandungsfläche des Alpenrheins niedergelassen.

Die geologischen Bedingungen, verbunden mit den elementaren Kräften des hochwasserführenden Rheins, konnten nicht die Motivationsgrundlage zur Besiedlung gebildet haben. Viel attraktiver dagegen mögen sich die klimatischen Verhältnisse im Rheindelta ausgewirkt haben.

Der Bodenseeraum liegt, wie alle zentraleuropäischen Gebiete, im Bereich eines feuchtgemäßigten Klimas. Die jährliche Niederschlagsmenge wurde mit etwa 70 bis 120 Zentimeter errechnet, wobei im Bodenseegebiet eine deutliche Zunahme der Niederschläge von West nach Ost festzustellen ist. Das Rheindelta am Alpennordrand sieht sich deshalb häufig den Stauniederschlägen ausgesetzt, die umso länger anhalten, je näher sich ein Gebiet an den Alpen befindet. Die offene Verbindung zwischen dem Rheindelta und den Alpen führt in dieser Gegend übrigens zu einem besonderen klimatischen Phänomen. Wenn sich auf einmal Baumkronen in den Obstplantagen des Rheindeltas fast bis zum Brechen biegen, wenn sich draußen der See innerhalb weniger Minuten aufpeitschen läßt und wenn die klare Luft eine Fernsicht weit in die Alpen hinein erlaubt, dann rauscht ein Fallwind vom Alpenkamm – der Föhn – das Rheintal hinunter. Da bei thermisch bedingten Lokalwinden, wie sie am Obersee als Land- und Seewind auftreten, Tal- und Bergwindsysteme in die gleiche Richtung wirken, treten an Föhntagen im Bereich des Rheindeltas verstärkte Windverhältnisse auf. Im Wechsel der Jahreszeiten zeigt sich im Frühling und im Monat November das Maximum der Föhnhäufigkeit, während man in den Sommermonaten das Minimum findet. Der Föhn, für Wetterfühlige ein unliebsamer Botschafter des Südens, bringt warme Luft an den Bodensee. Der See, der mit seiner großen Wassermasse die Wärme zu speichern vermag, begünstigt die thermische Jahressituation im Rheindelta.

Mit der Jahresmitteltemperatur von 8 bis 9 Grad Celsius und der geringeren Zahl an Eistagen – Tage mit einem Temperaturmaximum von 0 Grad Celsius und tiefer – scheint der Bodensee das Rheindelta gegenüber den weiter landeinwärts liegenden Regionen klimatisch-thermisch zu bevorteilen.

Der ausgleichende Einfluß des Wasserkörpers Bodensee kommt der Vegetation sehr entgegen und erfreut vor allem die landwirtschaftlichen Betriebe des Rheindeltas. Das vergleichsweise milde Klima im Rheindelta wirkt sich aber auch für die Tierwelt begünstigend aus. Obwohl flache Seezonen in der kalten Jahreszeit schnell vereisen, tritt das völlige Zufrieren des Bodensees nur sehr selten auf – zuletzt im Winter 1963. Deshalb finden zahlreiche Vogelarten im Rheindelta ihren Winterplatz oder halten dort Rast auf ihrem Weg nach Südwesteuropa oder Westafrika. Hinsichtlich der Vogelarten und Individuenzahlen gibt es in Europa nur wenige küstenferne Gebiete, die sich mit dem Rheindelta vergleichen lassen. Hätten Rousseau, Byron oder de Saussure, die Entdecker und Beschreiber der Naturschönheiten im 18. und 19. Jahrhundert, von dieser Pracht der Natur Kenntnis gehabt, hätten vielleicht auch sie, den Zugvögeln nacheifernd, ihre Reiseroute durch das Vorarlberger Rheindelta gewählt.

DAS WASSER BESTIMMT

ollte der Naturinteressierte die Wassermassen, die das Vorarlberger Rheindelta umschließen, auf einmal ins ganze Gesichtsfeld bekommen, müßte er es dem Dichter Hermann Hesse nachahmen, der bereits im Jahre 1911 vom Luftschiff aus eine Vogelperspektive auf das Rheindelta genießen konnte. In einem Zeppelin vom deutschen Ufer aufsteigend, schwebte er über den Bodensee gegen Süden. „Und während unsere Propeller schnurrten, fuhren wir durch das sonnige Rheintal hinauf, ... flogen wir kühl und gelassen in der Höhe dahin, blickten senkrecht in den Rhein ...", schreibt Hesse in seinem „Spaziergang durch die Luft". Die Naturlandschaft im Mündungsgebiet des Alten und Neuen Rheins hat sich seit Hermann Hesses Eindrücken schon wieder verändert.

Für topographische Veränderungen in der Landschaft benötigt die Natur oft Jahrhunderte, die Wassermassen des Rheins und des Bodensees haben aber dem Rheindelta kurzfristig immer wieder ein neues „Gesicht" verliehen.

Der Alpenrhein hat seit dem Rückzug der Gletschermassen vor mehr als 10.000 Jahren das trogförmig ausgeschliffene Rheintal mit Geschiebemassen angereichert. Eine unabdingbare Folge dieser Sedimentablagerungen zeigt sich in der Überschwemmungslandschaft des Rheintales.

Der Mensch, der noch zur Römerzeit seine Siedlungen im Rheintal auf die sicheren Anhöhen und auf die Schwemmfächer beschränkte, drang im Laufe der Jahrhunderte in die tiefere Talebene vor und mußte den Kampf mit den Wassern des Rheins aufnehmen. Alljährliche Überschwemmungen im Rheindelta, denen man vorerst mit einzelnen Wuhrwerken begegnen wollte, brachten nicht nur Not und Leid über die Menschen, sondern ermöglichten dem Rhein auch, seinen Lauf zum See hinunter – teils durch besiedeltes Gebiet – fast beliebig zu wählen. Der Rohrspitz als in den See hinausragender Mündungskegel oder der Obere und Untere Lochsee sind noch jahrhundertealte Naturzeugen verschiedener Rheinläufe durch das Rheindelta.

Bis zum Jahr 1900 mündete der Hauptstrom des Rheins beim Rheinspitz in den Bodensee, und das Bett dieses „Alten" Rheins bildet bis heute eine natürliche Grenze zwischen Österreich und der Schweiz.

Die Katastrophenhochwässer in den Jahren 1888 und 1890 beendeten den langen, mühevollen Verhandlungsstreit um eine nutzbringende Rheinregulierung und führten 1892 zu einem Staatsvertrag, der zwischen Österreich-Ungarn und der Schweiz unterzeichnet wurde. Das Projekt einer internationalen Rheinregulierung konnte mit der Begradigung des Alpenrheins und seiner damit verbundenen Verkürzung um 10 Kilometer im nördlichen Rheintal in die Tat umgesetzt werden. Der Fußacher Durchstich im Jahre 1900 sollte das Rheindelta und seine Bewohner für die Zukunft aller Überschwemmungssorgen entheben.

Die neue Rheinführung und die damit verbundene Erhöhung der Fließgeschwindigkeit bewirkte aber mit der Zeit massive Sedimentablagerungen, und es entstanden neue Verlandungsprobleme im Bereich des Fußacher Mündungsgebietes.

In den Jahren von 1911 bis 1979 schüttete der Rhein jährlich rund 3 Millionen m^3 Feststoffe in den Bodensee. Ein Vergleich mit der Cheops-Pyramide, die „nur" ein Volumen von 2,5 Millionen m^3 aufweist, läßt erahnen, wie schnell Teile des Bodensees auflanden: Seit 1911 wuchs das Rheindelta insgesamt um 2 km^2.

Der Lauf des Rheins wird aber künstlich mit Dämmen seewärts verlängert, so daß die Wassermassen des Rheins – bei Hochwasser bis zu 2500 m^3 pro Sekunde – die gesamte Schwemmfracht in größere Seetiefen schieben

können. Rheindeltabewohner mag es besonders trübe stimmen, wenn Prognosen eine komplette Zuschüttung des Bodensees in zirka 20.000 Jahren vorhersagen. Noch ist es aber nicht soweit. Die Wasser des Bodensees – manchmal laubgrün, dann aschfahl bis azurblau gefärbt, in Wintermonaten sich unter der ufernahen Eisdecke versteckend, im Hochsommer angenehm erwärmt – diese Wasser sind für Natur und Mensch im Rheindelta zur Lebensgrundlage geworden.

Die flachen Gewässer an der Uferzone (Wysse) bieten den Badehungrigen sommerliches Freizeitvergnügen und vielen Wasservögeln ihre Brutstätten. Fällt der Wasserspiegel des Sees, dann werden die dort auftretenden Schlickflächen von Tausenden Limikolen und Winterzugvögeln bevölkert. Der Rheindeltabewohner nähert sich dem See fast ganzjährig auch als Berufs- und Freizeitfischer, nützt somit auch die tieferen Gewässer (Halde) des Obersees und führt das Wechselspiel von Natur und dem eingreifenden Menschen weiter.

Von seinen 265 Kilometern Uferlänge leiht der Bodensee dem Vorarlberger Rheindelta kaum mehr als 10 Kilometer und umschließt zusammen mit dem Alten und Neuen Rhein das Delta.

Das Wasser – manchmal glatt, fließend, kräuselnd, brechend oder schäumend – es bestimmt!

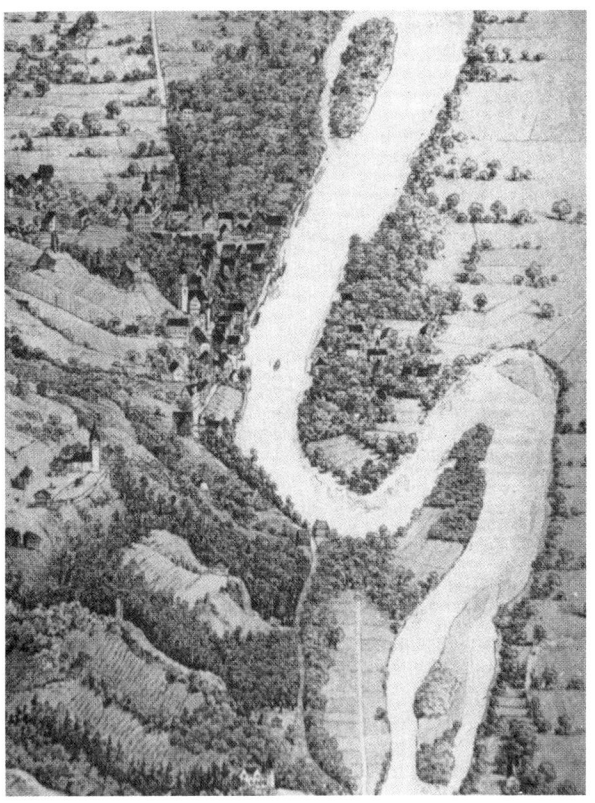

Alter Rheinlauf („Eselschwanz") als Grenze zwischen Österreich und der Schweiz (zwischen 1800 und 1850).

SIEDLER, MÖNCHE, KRIEGER, DICHTER

Wenn in einem Portrait des Rheindeltas der naturgeschichtliche Pfad für eine kurze Weile verlassen und mit dem kultur- und geistesgeschichtlichen vertauscht wird, so soll dies mit der Perspektive auf den gesamten Bodenseeraum geschehen. Die 40 km² große „Naturinsel" des Vorarlberger Rheindeltas ist fest in das Geistes- und Kulturgeflecht des Bodenseeraumes verwoben, doch gibt es Schlaglichter der Weltgeschichte, die allein und ausschließlich dem Delta im Mündungsgebiet des Alpenrheins gelten.

Wer nur das Primat der Natur sehen will, mag nun über geistes- und kulturgeschichtliche Begebenheiten im Rheindelta unterrichtet werden!

Gewiß, es ist primär die Naturlandschaft, die den Menschen in seinem Tun bestimmt. Das verdeutlicht sich auch im ersten Landschaftsportrait vom Bodensee und den Alpen, das der römische Historiker Ammianus Marcellinus im vierten Jahrhundert nach Christus verfaßte. Als Offizier aus Rom kannte er die Route von den Alpen herunter an den Bodensee, und er mußte wohl im Rheindelta verweilt haben, wenn er schreibt: „In den Weiten der hohen Berge entspringt der Rhein . . ., bald aus der Enge befreit bespült der Strom hohe Uferwege und ergießt sich in einen rundlichen weiten See, den die rätischen Anwohner Brigantia nennen . . . In diesen See ergießt sich also der Strom, tosend, mit schäumenden Strudeln . . ."

Dieser nachweislich ersten Landschaftsbeschreibung des Rheindeltas zur Zeit der Römer gehen Jahrtausende an Besiedlungsgeschichte voraus, in denen schriftlich nichts überliefert blieb. Aus den Kulturperioden der Jungsteinzeit, der Bronzezeit und der Eisenzeit bleiben uns nur Funde von Waffen und Hausratgegenständen, die auf das Leben der Menschen im Rheintal und am Bodensee schließen lassen. Der Lebensraum vor 3000 Jahren war primär das westliche Bodenseegebiet. In diesen Zeiten der Vorgeschichte gab es im Alpenrheintal nur vereinzelte Wohnstätten wie etwa in Koblach oder auf anderen sogenannten Inselbergen.

Kehren wir aber wieder zu jener Geschichte des Bodenseegebietes und damit des Vorarlberger Rheindeltas zurück, die sich auf verläßliche Aufzeichnungen stützen kann.

Oft wird das Jahr 58 v. Christus als der Beginn der Geschichte des Bodenseeraumes herangezogen – ein Beginn mit keinem Geringeren als Gajus Julius Cäsar, der für das Land am Bodensee eine sichere frühe Geschichtsquelle liefert. Man ist seit diesem Datum nicht mehr auf prähistorische Bodenfunde allein angewiesen. Die Räter, ein vermutlich illyrischer Stamm, und die keltischen Vindeliker, die das Alpenrheintal bewohnten, mußten sich Tiberius, dem späteren Kaiser, unterwerfen. Der Bodensee selbst erlebte dabei eine Seeschlacht. Mit Kriegsschiffen, die Tiberius auf einer Bodenseeinsel – wahrscheinlich auf der Insel Mainau – zimmern ließ, schlug er im Ostteil des Sees die keltischen Vindeliker. Bald war das gesamte Bodenseegebiet fest in der Hand der Römer. Brigantium, das heutige Bregenz, war die wichtigste Stadt am Bodensee. Von ihr führten gepflasterte Verkehrswege, die vornehmlich militärische Belange hatten, in alle Himmelsrichtungen quer durch Europa. Eine Abbildung der Peutingerschen Tafel, einer Landkarte, die im 4. Jahrhundert nach Christus entstanden ist, zeigt die bedeutende Römerstraße von Augsburg nach Süden zum See, „Brigantio", zu einer Station „Ad Rhenum", einem Rheinübergang bei Höchst/St. Margrethen im Rheindelta, und weiter nach „Arbor Felix", dem heutigen Arbon in der Schweiz. Diese Straßenverbindung von Bregenz über Fußach und Höchst nach Arbon sollte für Jahrhunderte zur historischen Ader des Rheindeltas werden.

Lacus Brigantinus – Bodenseekarte von 1540.

Auf römische Spuren stieß man im Rheindelta im Jahre 1911, als in der Nähe der Straße ein Lederbeutel mit 130 geprägten Bronzemünzen aus der Zeit um 353 gefunden wurde. Der Bodenseeraum des römischen Rätien wurde im 5. Jahrhundert n. Christus von den Alemannen erobert. Auch dieser germanische Stamm benützte zumindest teilweise diese römische Straße. Ebenso mußte ein Teil der Reiseroute des irischen Missionars Kolumban entlang der Römerstraße Brigantio–Arbor Felix geführt haben. Sein Mönchsbruder und Prediger, der hl. Gallus, soll im Jahre 613, nachdem er Kolumban alleine in den Süden weiterziehen ließ, auf dem Weg nach Arbon im Gebiet des Rheindeltas zur Rast verweilt haben. Das vom hl. Gallus und dem späteren Bischof Otmar gegründete Kloster bestimmte bis zum Untergang des Klosterstaates St. Gallen im Jahre 1798 die Besitzverhältnisse in den Rheindeltagemeinden Höchst, Fußach und Gaißau.

So klein das Rheindelta auch sein mag, aufgrund seiner strategisch so exponierten Lage herrschten in seinem Gebiet immer wieder kriegerische Wirrnisse: Die Appenzeller mit ihrem Überraschungsangriff bei Hard im Jahre 1499, der Dreißigjährige Krieg, der Flüchtlinge „samt Vieh und Roß" im 17. Jahrhundert über den Rhein trieb, oder die Vertriebenen des Zweiten Weltkrieges, die jenseits des Rheins in der Schweiz eine sichere Heimat suchten.

Der Weltenlauf im Rheindelta war aber auch von weniger großer Unruhe und Hektik geprägt, Krieger sind durch Dichter abgelöst worden, und in manchen Werken ist vom Mündungsgebiet des Alpenrheins, dem Rheindelta, die Rede. Johann Wolfgang von Goethe (1749–1832) wählte auf dem Rückweg seiner ersten Italienreise die Route über das Rheindelta. Der wohl bedeutendste deutsche Dichterfürst, der, angeblich auf Anraten der Malerin Angelika Kauffmann, die Verkehrsdienste des „Mailänder Boten" in Anspruch nahm, übernachtete vom 2. auf den 3. Juni 1788 in Fußach. Der damals bedeutende Hafen von Fußach galt auch als wichtiger Stapel-

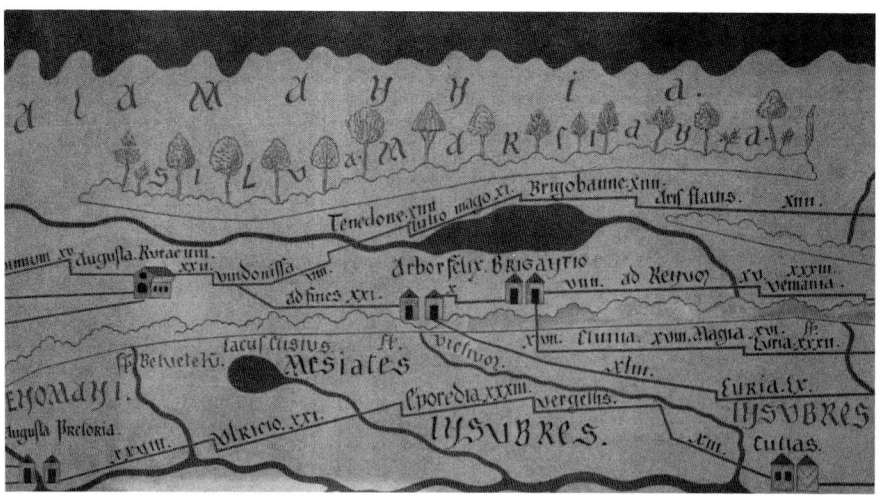

Peutingersche Tafel aus dem 4. Jahrhundert.

und Austauschplatz zwischen Österreich und den Gebieten Bayerns, Württembergs und der Schweiz. Wie das vorhandene Kassabuch seines Sekretärs belegt, bezahlte Herr Geheimrat von Goethe an die in Fußach angesiedelte „Botenanstalt der Spehler und Weiss" 122 Gulden. Darin waren die gesamte Reise, Verpflegung und Unterkunft für sich und seine Begleitung enthalten. Wer in Goethes Werken den naturwissenschaftlichen Studien und Entdeckungen zur Botanik, Zoologie und Mineralogie nachgeht, der kann unschwer erahnen, daß die im Rheindelta gesammelten Natureindrücke eine reiche Beobachtungsgrundlage für Goethes wissenschaftliches Schaffen dargestellt haben müssen.

Eduard Mörike (1804–1875) setzte ein literarisches Denkmal, indem er das Rheindelta bei Fußach so beschreibt, als sehe er sich „in einem schönen Amphitheater von nahen und entfernten Gebirgen, das nach dem See hin offen ist".

Friedrich Hölderlin (1770–1843) bejubelte in seiner vielzitierten Hymne „Der Rhein" das Landschaftspanorama des Alpenrheintales:

„Im dunkeln Efeu saß ich, an der Pforte
des Waldes, eben, da der goldene Mittag,
den Quell besuchend, herunterkam
von Treppen des Alpengebirgs..."

Hermann Hesse (1877–1962) flog, wie schon erwähnt, zu Beginn dieses Jahrhunderts in einem Zeppelin „kühl und gelassen" dahin und blickte, über dem Rheindelta schwebend, „senkrecht in den Rhein" – so schreibt er in seinem „Spaziergang durch die Luft".

Das Vorarlberger Rheindelta ist ein Feld im Bezugsgeflecht des Kulturraumes Bodensee, das neben den elementaren Kräften der Natur eben auch von Menschen geformt, gestaltet oder beschrieben wurde: von Siedlern, Mönchen, Kriegern, Dichtern!

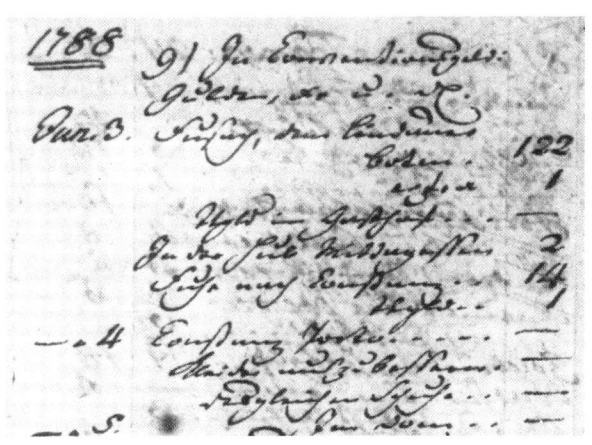

Goethes Kassabuch:
Eintragung vom 3. Juni 1788
in Fußach.

FLORA, FAUNA, BIOTOP

Einen Moment lang könnte der englische Poet und Dramatiker William Shakespeare behilflich sein, die gelegentliche Ohnmacht gegenüber der Natur zu beschreiben, wenn er meint: „In Nature's infinite book of secrecy, a little I can read." Shakespeare betreibt damit keine bloßen poetischen Spielereien, sondern drückt nur das zeitweilige Unvermögen aus, die Geheimnisse im „unerschöpflichen Buche der Natur" voll zu ergründen.

Jene, die die Natur im Rheindelta verstehen und erleben wollen, müssen scharfe Augen haben, so scharf wie möglich und so sensibel wie denkbar. Das Vorarlberger Rheindelta bietet als eine der ökologisch sensibelsten Regionen Mitteleuropas dem beobachtenden Menschen Naturerlebnisse, die nicht selten zu Schwärmereien führen. Schwärmen mag Ausweichen bedeuten. Wer aber mit scharfen Augen auf den Wassernabel stößt, eine Pflanze, die im Rheindelta ihr einziges Vorkommen in Österreich hat, auf den muß diese Naturbegegnung unausweichlich und zugleich geheimnisvoll wirken. Oder wer im Monat Jänner den Singschwan im Rheindelta entdeckt und weiß, daß dieser Vogel hier am Bodensee den wichtigsten mitteleuropäischen Überwinterungsplatz vorfindet, der mag die Kostbarkeit dieser Naturlandschaft zu schätzen wissen.

Die Tier- und Pflanzenwelt findet im Rheindelta noch bevorzugte Biotope, Lebensräume, die aber durch den Menschen einer ständigen Bedrohung ausgesetzt sind. Wissenschaftliche Publikationen weisen mannigfaltig auf die bedrohlichen Rückgänge dieser naturnahen Lebensräume im Rheindelta hin. Und doch gibt es sie, die Mandatsträger für dieses einzigartige Schutzgebiet, die eine hohe moralisch-ethische Verantwortung gegenüber diesen europäisch so bedeutsamen Naturräumlichkeiten zeigen.

Im Jahre 1976 errichtete die Vorarlberger Landesregierung das Naturschutzgebiet Rheindelta, welches Uferbereiche und einen Teil der Streuparzellen in den Gemeinden Fußach, Gaißau, Hard und Höchst umfaßt. Erste gesetzliche Bestimmungen mit der Sicherstellung der „Rheinau" und einer Schutzzone „Bodenseeufer" reichen bereits in das Jahr 1942 zurück. Die große Bedeutung des Rheindeltas für Flora und Fauna war seit langem bekannt, und von frühen Bestrebungen zum Schutze dieser Landschaft liest man bereits in Veröffentlichungen der zwanziger und dreißiger Jahre. So scheint es, daß der Geist des Bewahrens, die Ideologie der Naturerhaltung, im Vorarlberger Rheindelta auf eine große Tradition zurückblicken könne.

Manchmal überkommt einen Melancholie oder man ist in ein Staunen versetzt, wandelt man in Mußestunden durch dieses Naturschutzgebiet. Ein Spaziergang auf dem Seedamm zwischen Neuem Rhein und Rheinholz gehört zu jenen Naturerlebnissen, die dem stillen Betrachter fast ein Gefühl der Benommenheit vermitteln. Im Naturbetrachter verdichten und vermischen sich nämlich Eindrücke unverfälschter Natürlichkeit mit natureinengenden technisch-zivilisatorischen Systemen. Solche Systeme zur intensiven Grünlandnutzung, zur Bannung der Überschwemmungsgefahr oder zur Kanalisation der Siedlungsgebiete sind vom Bewohner des Rheindeltas seit Beginn des 20. Jahrhunderts immer wieder als notwendige „Zivilisationsmaßnahmen" erachtet worden.

Spazieren wir also auf dem acht Kilometer langen Polderdamm vom Neuen Rhein zum Rheinholz am Alten Rhein! Die künstlich geschaffene Dammerhöhung gibt uns den Blick frei in jene see- und landseitigen Teile des Naturschutzgebietes im Rheindelta, die für die Flora und Fauna als wichtige Lebensräume nicht verloren gehen dürfen.

Durch die Vorstreckung des im Jahre 1900 neu gestalteten Rheins bei Hard/Fußach in tiefere Zonen des Bodensees entstanden durch Ablagerungen von Kies und Sand an der Mündung des Neuen Rheins interessante Naturlandschaften. Diese sogenannten „Sand-Inseln" haben wegen ihres Vegetationscharakters und als Rast- und Schlafplatz für Vögel einmalige Bedeutung für Mitteleuropa gewonnen. Es muß ein geradezu mystischer Tummelplatz für Wasservogelscharen und Pflanzengesellschaften sein! Setzen wir aber die Uferwanderung auf dem Polderdamm in Richtung Westen fort! Während die gesamte Rheindelta-Uferzone seeseitig des Hochwasserdammes im Naturschutzgebiet liegt, sind es landseitig ausgewählte Lebensräume, die aufgrund der Vegetationsbesonderheiten von vielen Vogelarten genutzt werden.

„Baumgarten", ein ca. 16 Hektar großer Streukomplex, liegt noch im Gemeindegebiet Fußach. Weiter westlich, ebenfalls innerhalb des Dammes, erstreckt sich das Naturschutzgebiet der „Flottern-Heldern" in Höchst, ein teilweise verbuschtes Streuried, das im nördlich gelegenen „Rohr" durch den Schilfgürtel begrenzt wird. Seeseitig des Dammes ragt dort der große Sporn des „Rohrspitzes" weit in den See hinein.

Wenn den Seedammwanderer nach drei Kilometern durch das Naturschutzgebiet die Müdigkeit noch nicht befallen hat und das Staunen, Registrieren und Hinsehen kein Ende haben soll, dann zieht er dem Ufer entlang weiter gegen Westen. Das reine Naturerlebnis mag jeweils unterbrochen sein, wenn die Wasserpumpen der Eindeichungsanlagen schnurren, die die Niederschlagswasser der Rheindeltagemeinden in den See hinauspumpen. Der Bau der Pumpwerke und des Seedammes in Höchst, Fußach und Gaißau wurde in den Jahren 1959 bis 1963 deshalb verwirklicht, weil bei Hochwasserstand des Bodensees Wiesen und Äcker bis mehrere Kilometer weit ins Land hinein überflutet wurden.

Reiher

Sehr lohnend mag der Seedammwanderer sein Zielerlebnis am Alten Rhein empfinden. Dort endet zwar der Dammweg, doch fast unbemerkt wird man hineingeführt in den Auwald am Rheinspitz, in das „Phantasiegebiet Rheinholz", das von Marcellinus Ende des 4. Jahrhunderts noch als „rauh und undurchdringlich" bezeichnet wurde.

Wer bisher auf dieser Wanderung durch das Naturschutzgebiet vom Neuen zum Alten Rhein die Natur und ihre Erscheinungsformen als selbstverständlich hingenommen hat, der muß spätestens im Rheinholz begreifen, daß diesen Landschaftselementen am See besonders wertvolle Eigenschaften innewohnen. Wenn sich der Mensch oft nicht von der Kurzsichtigkeit gegenüber dieser Naturlandschaft befreien kann, die Tier- und Pflanzengesellschaften scheinen sich den Weitblick für diese Lebensräume zu eigen gemacht zu haben.

Die Flachwasserzone im Rheindelta, abgesteckt von der mittleren Hochwasserlinie bis zu einer Tiefe von 10 m, zählt bezüglich der Artenvielfalt zu den wertvollsten Lebensräumen. Reiche und ausgewogene Sauerstoff-, Temperatur- und Lichtverhältnisse begünstigen hier das Naturleben. Besonders die Vogelwelt findet in diesen teils überschwemmten Schilfgebieten Brut- und ungestörte Mauserplätze.

In diesen Schilfzonen brüten regelmäßig Höckerschwan, Kolbenente, Lachmöve, Teichrohrsänger, Haubentaucher und viele andere mehr. Dazu gesellen sich im Wechsel der Jahreszeiten Tausende von „Durchzüglern" und „Wintergästen", die bei gesunkenem Wasserspiegel ihre Nahrung aus den Schlickflächen dieser Uferzone picken.

Nicht minder attraktiv und von gleicher europäischer Besonderheit wie die Flachwasserzone sind die flachmoorartigen Lebensräume der Streuwiesen und Röhrichte, von denen im Naturschutzgebiet noch ungefähr 450 Hektar vorhanden sind. Das jährlich einmalige Mähen dieser extensiv bewirtschafteten Streuwiesen trägt zum offenen Charakter der Riedlandschaft bei und schützt vor Verbuschung durch Faulbaumbestände („Pulverholz"). Somit können sich auf diesen Riedwiesen auch einzigartige Pflanzen- und Tiergesellschaften ansiedeln.

Pfeifengräser, Torfmoore oder etwa Straußgräser sind hier die charakteristischen und vermehrt aufscheinenden Arten. Die „Grasblättrige Goldrute" oder der „Wassernabel" haben im Rheindelta sogar österreichweit ihr einziges Zuhause!

Eine solche Pflanzenwelt erleichtert den Brutvögeln ihr Leben. Mit Kibitz, Bekassine, Brachvogel, Uferschnepfe, Graureiher oder Braunkehlchen sind nur einige aufgezählt, die regelmäßig auf den Streuwiesen brüten.

Den vogelartreichsten Lebensraum findet man in mischbewaldeten Gebieten. Obgleich die Riedlandschaft des Rheindeltas arm an Waldflächen ist, bietet der ca. 60 Hektar große Mischauwald des Rheinholzes ein phantastisches Refugium für Singdrossel, Pirol oder Gelbspötter. Die Flußseeschwalbe, die auf den Kiesinseln im Alten Rhein, der natürlichen Westgrenze des Rheinholzes, brütet, zählt zu der „wohl reizendsten Vogelgestalt" des Bodenseeraumes.

Ufernahe Wasserzonen, flachmoorige Riedwiesen, Auwaldgehölze oder auch Dämme für trockenere Vegetation gestalten die landschaftliche Verschiedenartigkeit und zugleich auch die Einzigartigkeit für Flora und Fauna im 1270 Hektar umfassenden Naturschutzgebiet des Vorarlberger Rheindeltas, dessen Landanteil 690 Hektar beträgt.

Das mitteleuropäisch so bedeutende und erhaltungswürdige Feuchtgebiet gilt es zu schützen, damit auch die Sibirische Schwertlilie und der Kleine Rohrkolben oder die Uferschnepfe und der Brachvogel nicht länger als gefährdete Arten an vorderster Stelle auf den Roten Listen Mitteleuropas stehen müssen.

Vor zivilisationstechnischer Bedrängung und Einengung geschützt, bleibt die Natur „ein unerschöpfliches Buch" und das Naturschutzgebiet des Vorarlberger Rheindeltas ein *Naturgeheimnis*.

*Gelassen stieg die Nacht ans Land,
lehnt träumend an der Berge Wand;
ihr Auge sieht die goldne Waage nun
der Zeit in gleichen Schalen stille ruhn.
Und kecker rauschen die Quellen hervor,
sie singen der Mutter, der Nacht, ins Ohr
vom Tage . . .*

Eduard Mörike

*Vergangen ist mein Traum
mein schwerer Traum! Die Welt
ist ringsum wohlbestellt
und hat für mich und viele
verlaufene Wanderer Raum.*

Hermann Hesse

*Zärtlichkeiten, ungenau,
greifen nach der Erde aus dem Raum.
Wege gehen weit ins Land und zeigens.
Unvermutet siehst Du seines Steigens
Ausdruck in dem leeren Baum.*

Rainer Maria Rilke

*Von allem, was im Weiten liegt,
kommt nur ein Hauch, ein halber Laut
zu mir vom Winde hergewiegt
mit einem Ruch von Wiesenkraut.*

Hermann Hesse

*Ein Wolkenringgebirg umfließt
die Sonne, die hinabgesunken,
der Tag, von jeder Freude trunken
und müd von allen Kämpfen, schließt.
Den See durchzittern letzte Funken,
einsam ans Ufer treibt ein Kahn,
und alles ist getan.*

Hermann Lingg

O reine, wundervolle Schau,
wenn du aus Purpurrot und Gold
dich ebnest friedvoll, ernst und hold,
du leuchtendes Späthimmelblau!

Hermann Hesse

*Bald an die Ufer des Sees, der uns von ferne die Herzen
lockt in jeglichem Jahr, Glückliche! kehrst du zurück.
Tag und Nacht ist er dein mit Sonn' und Mond, mit der Alpen
Glut und dem trauten Verkehr schwebender Schiffe dazu.
Denk' ich an ihn, gleich wird mir die Seele so weit wie sein lichter
Spiegel, und bist du dort – ach, wie ertrag' ich es hier?*

Eduard Mörike

Wenn Junitage durch die Blätterkronen brausen
und die Wasseroberfläche in Gefunkel zerspringt,
tut der See mittelmeerisch.
Von Spätherbst bis Vorfrühling
führen ihn Stürme weißgrün vor;
da spielt er Fjord.

Martin Walser

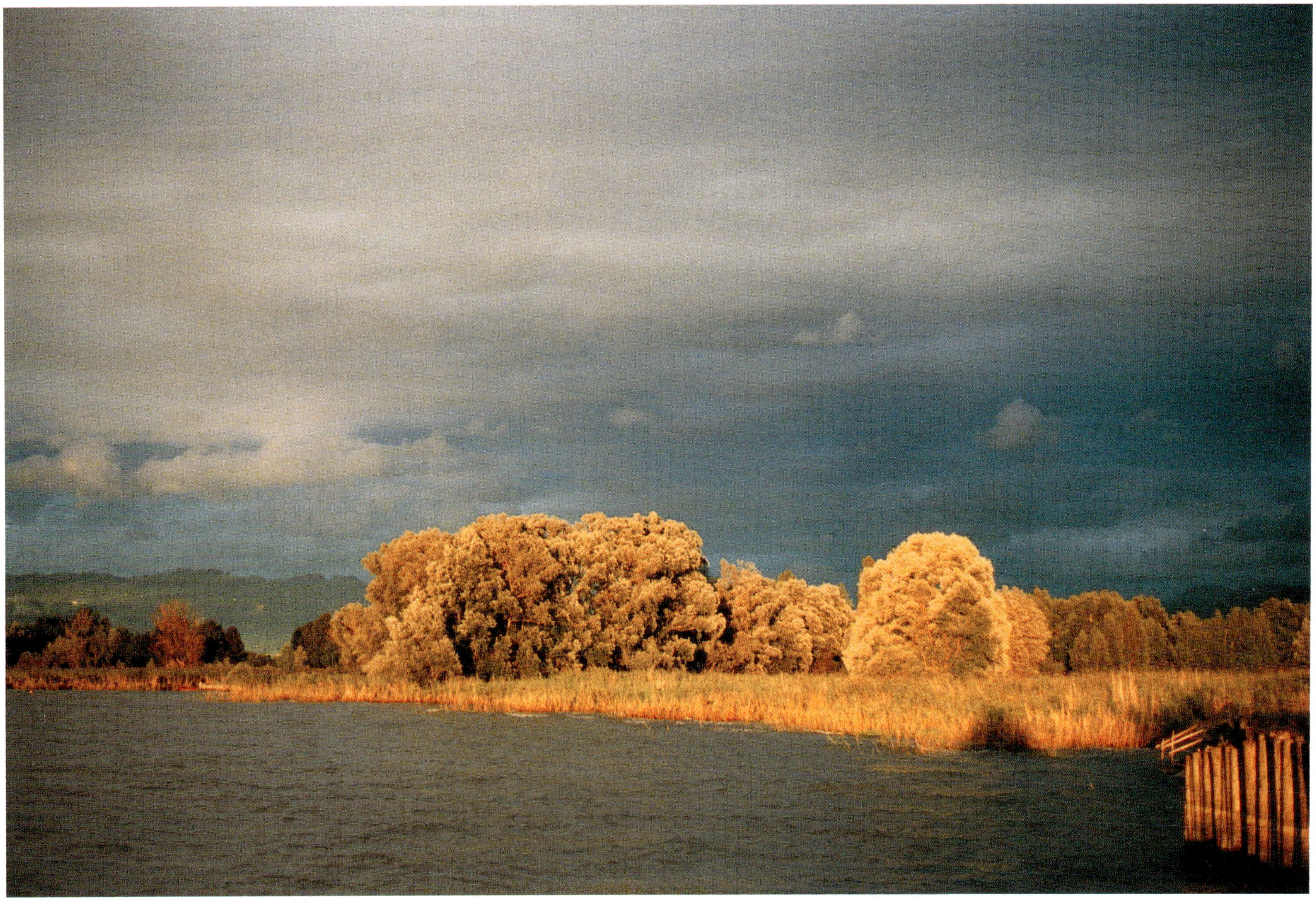

*Noch zittert Sonnenschein in goldnen Strahlen,
am dunklen Ufer glüht es purpurrot,
und ferne Bäume stehen schwer im fahlen,
bedrängten Kleid der Nacht. Der Tag ist tot.*

Alexander von Gleichen-Russwurm

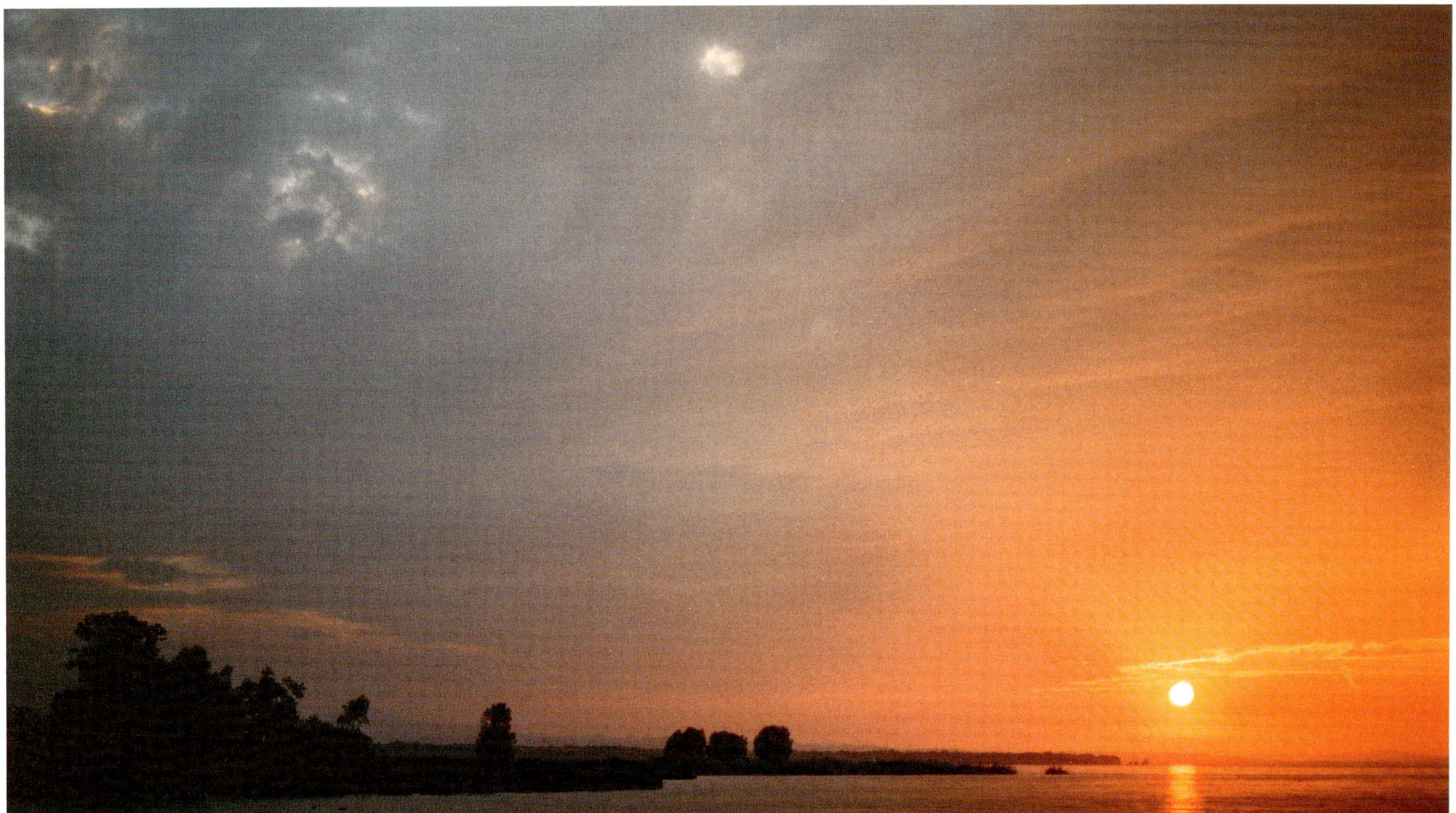

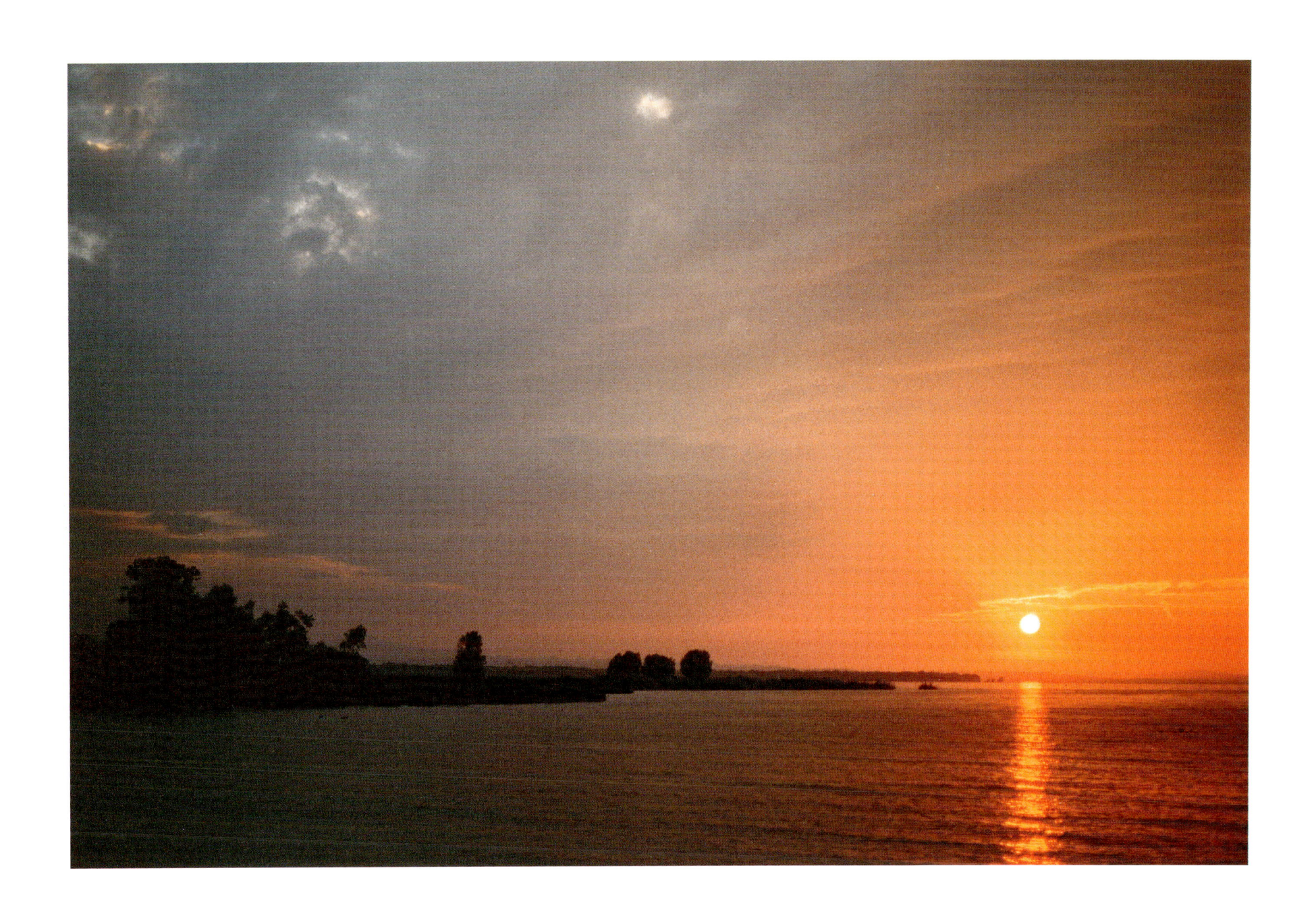

*Hell azurblau, dann wie Perlmuttschalen,
der Wasserspiegel gleißt und glänzt und loht;
den wunderbaren Zauber auszumalen
der Abend Licht und alle Farben rot.*

Alexander von Gleichen-Russwurm

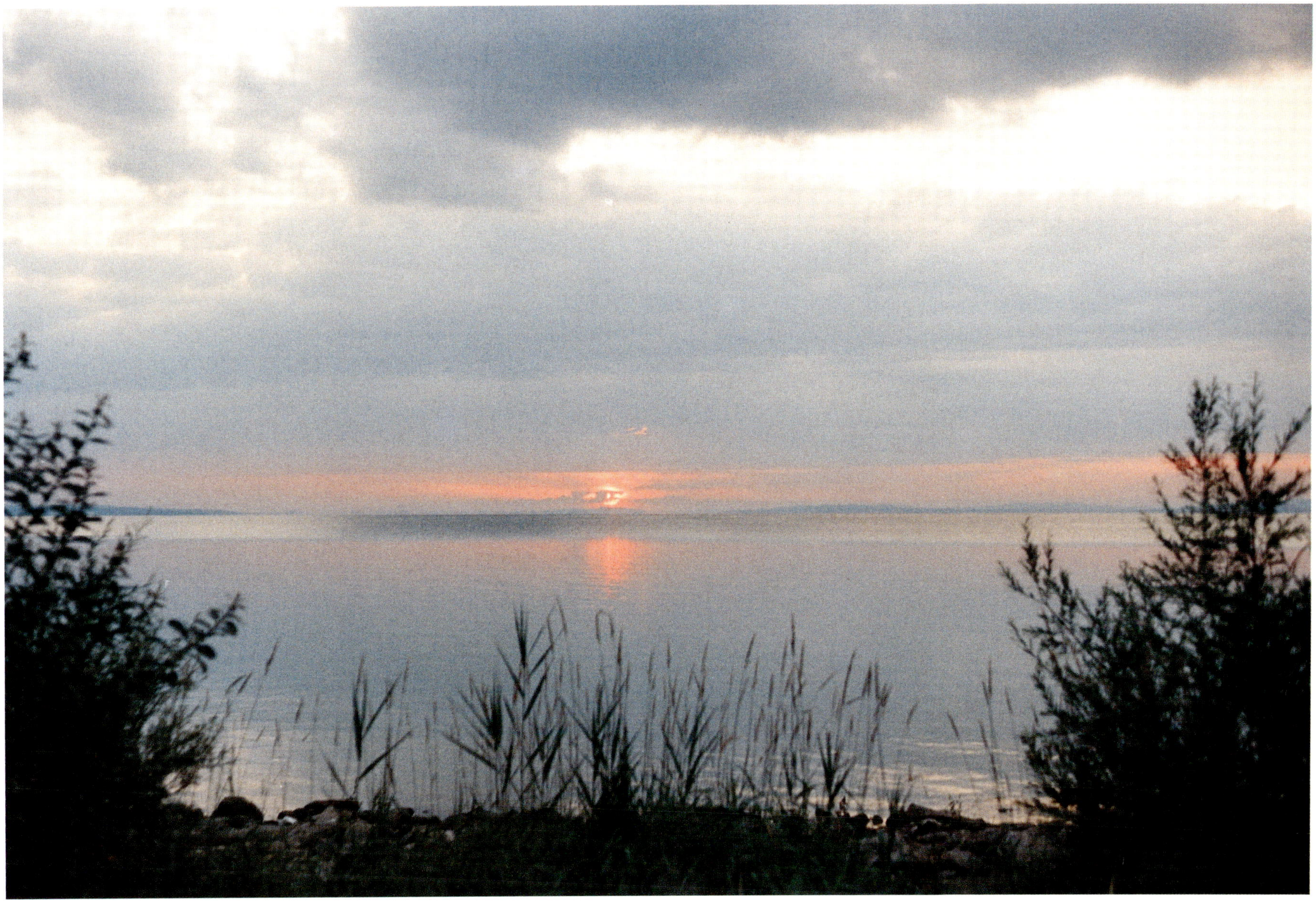

*Sei mir gegrüßt im frühen Morgenstrahl,
lichtblauer See, vom reinsten Gold durchsät,
du Stück vom Himmel, das, ins schönste Tal
herabgesunken, ew'ge Frische weht!*

Emanuel Geibel

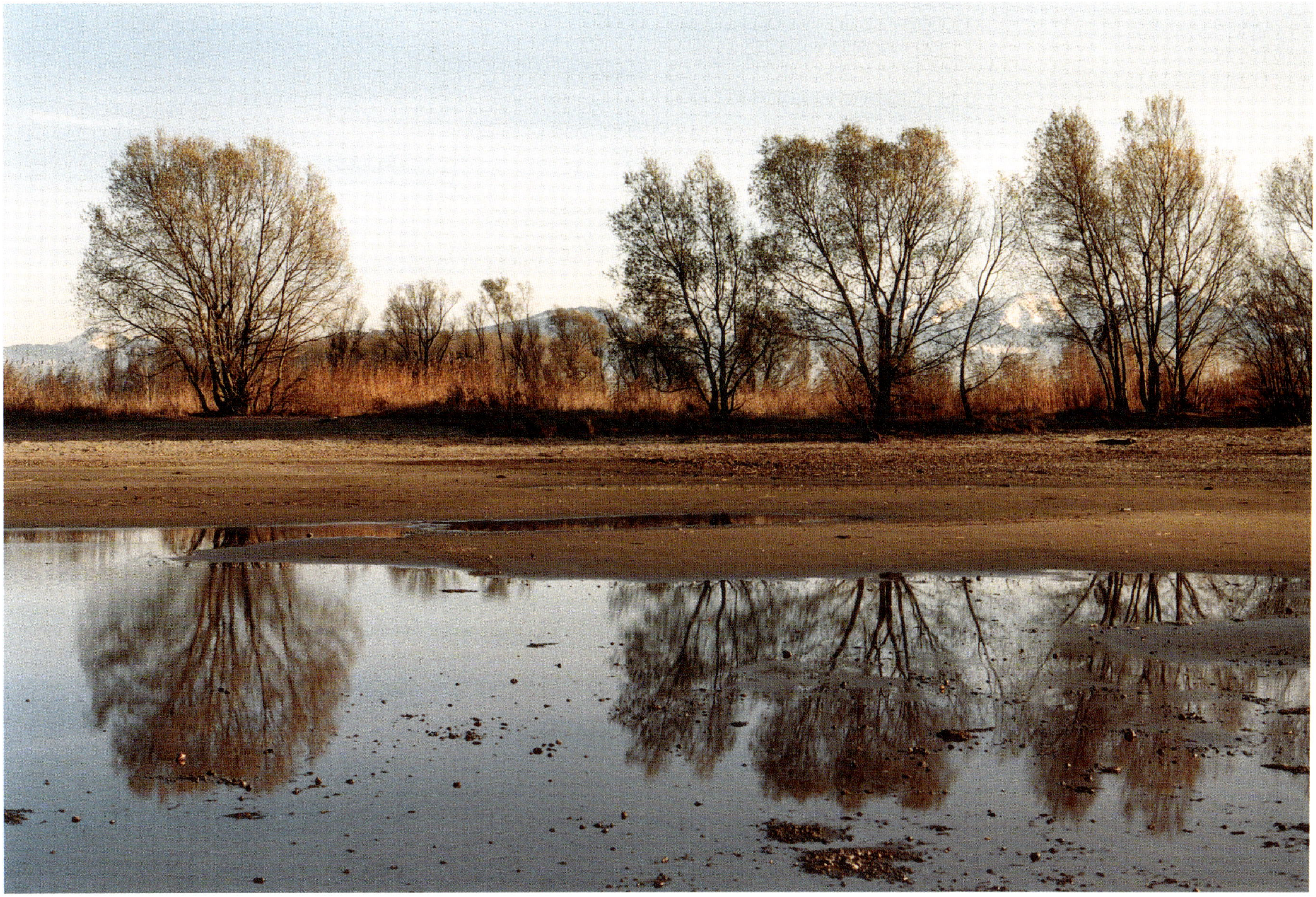

*Auf der Welle blinken
tausend schwebende Sterne,
weiche Nebel trinken
rings die türmende Ferne;
Morgenwind umflügelt
die beschattete Bucht,
und im See bespiegelt
sich die reifende Frucht.*

Johann Wolfgang von Goethe

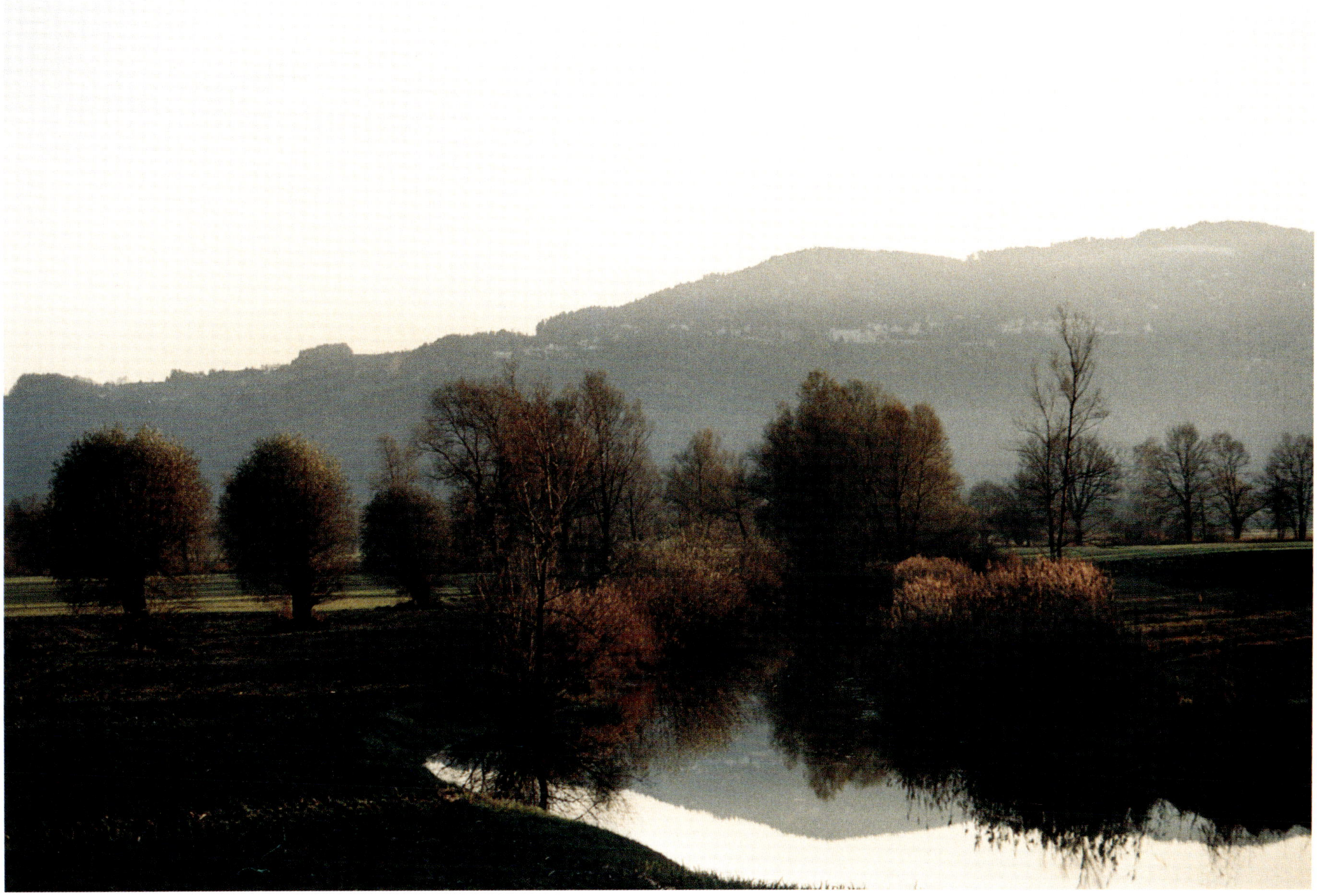

*Ich hör' es wühlen am feuchten Strand,
mir unterm Fuße es wühlen fort,
die Kiesel knistern, es rauscht der Sand,
und Stein an Stein entbröckelt dem Bord.*

Annette von Droste-Hülshoff

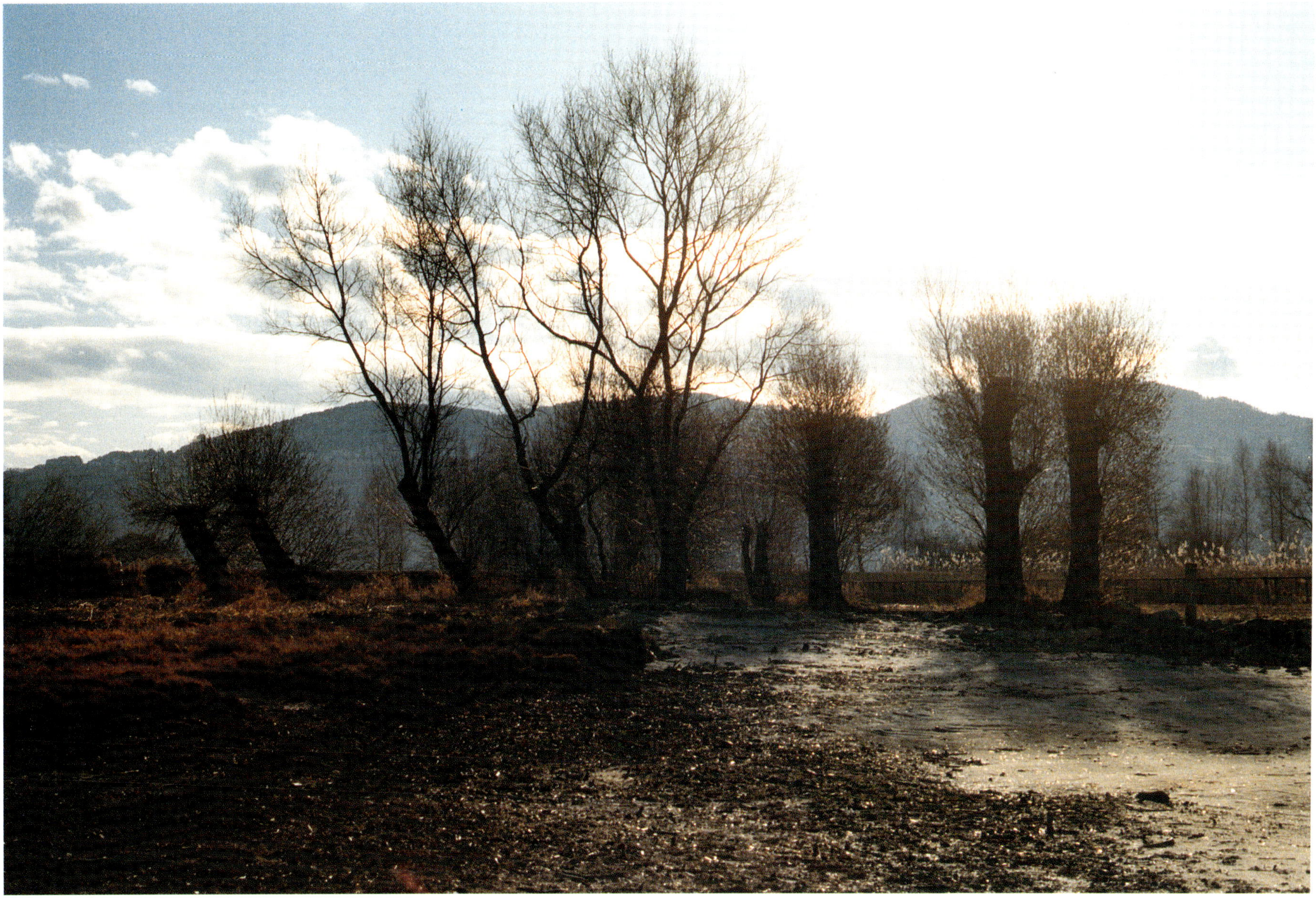

*Hineingetönet in das Urgetön
die alten Uferbäume Harfen sind.
Demütig neigt das Schilfrohr sich im Wind.*

*Urewiger Einklang brandet groß und schön!
Das ist wie Heimat und Geborgenheit,
Herzziel und Mitte, Gottes Ewigkeit.*

Julie Weidenmann

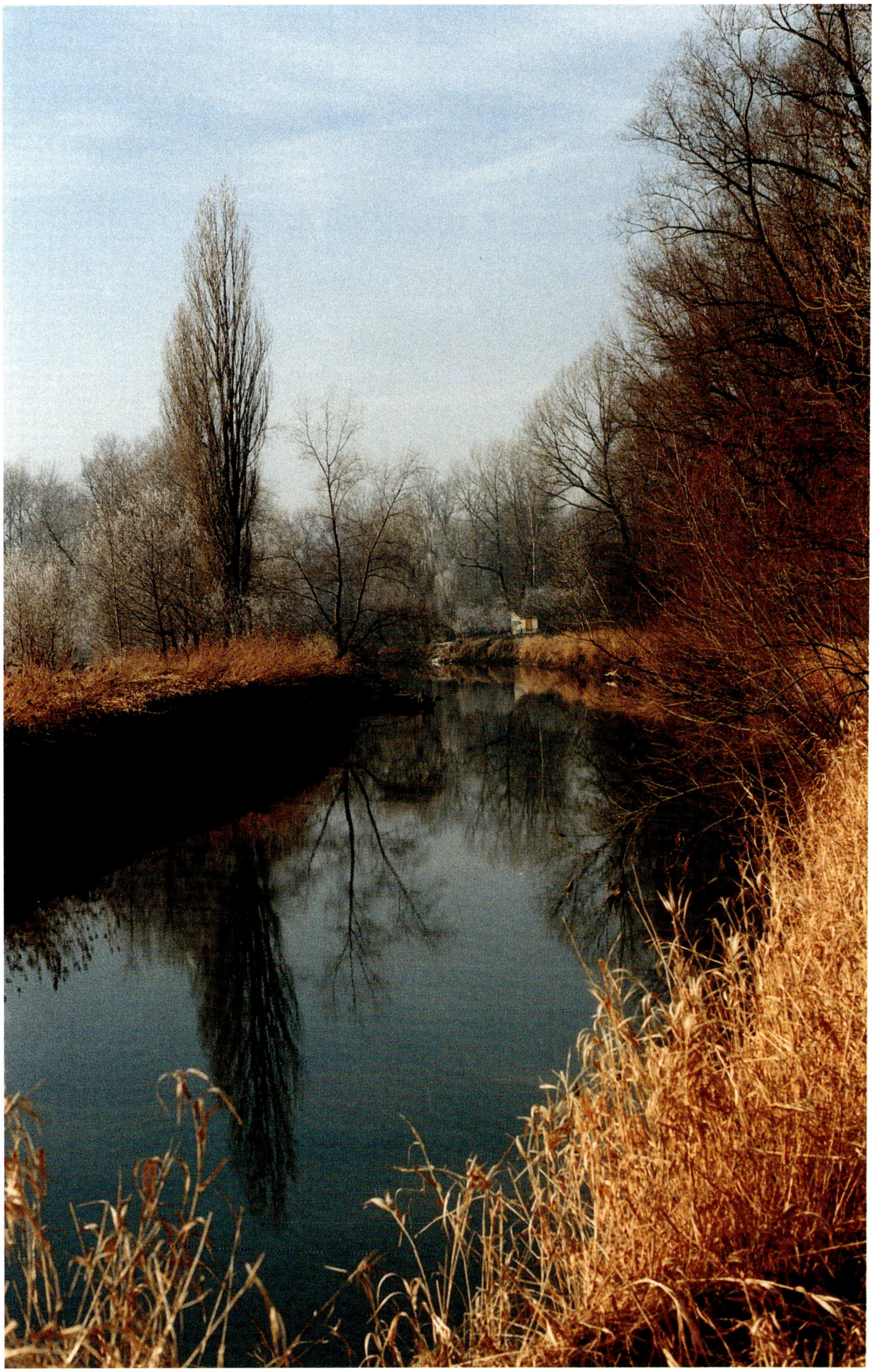

*Nacht, stille Nacht, in die verwoben sind
ganz weiße Dinge, rote, bunte Dinge,
verstreute Farben, die erhoben sind
zu einem Dunkel einer Stille.*

Rainer Maria Rilke

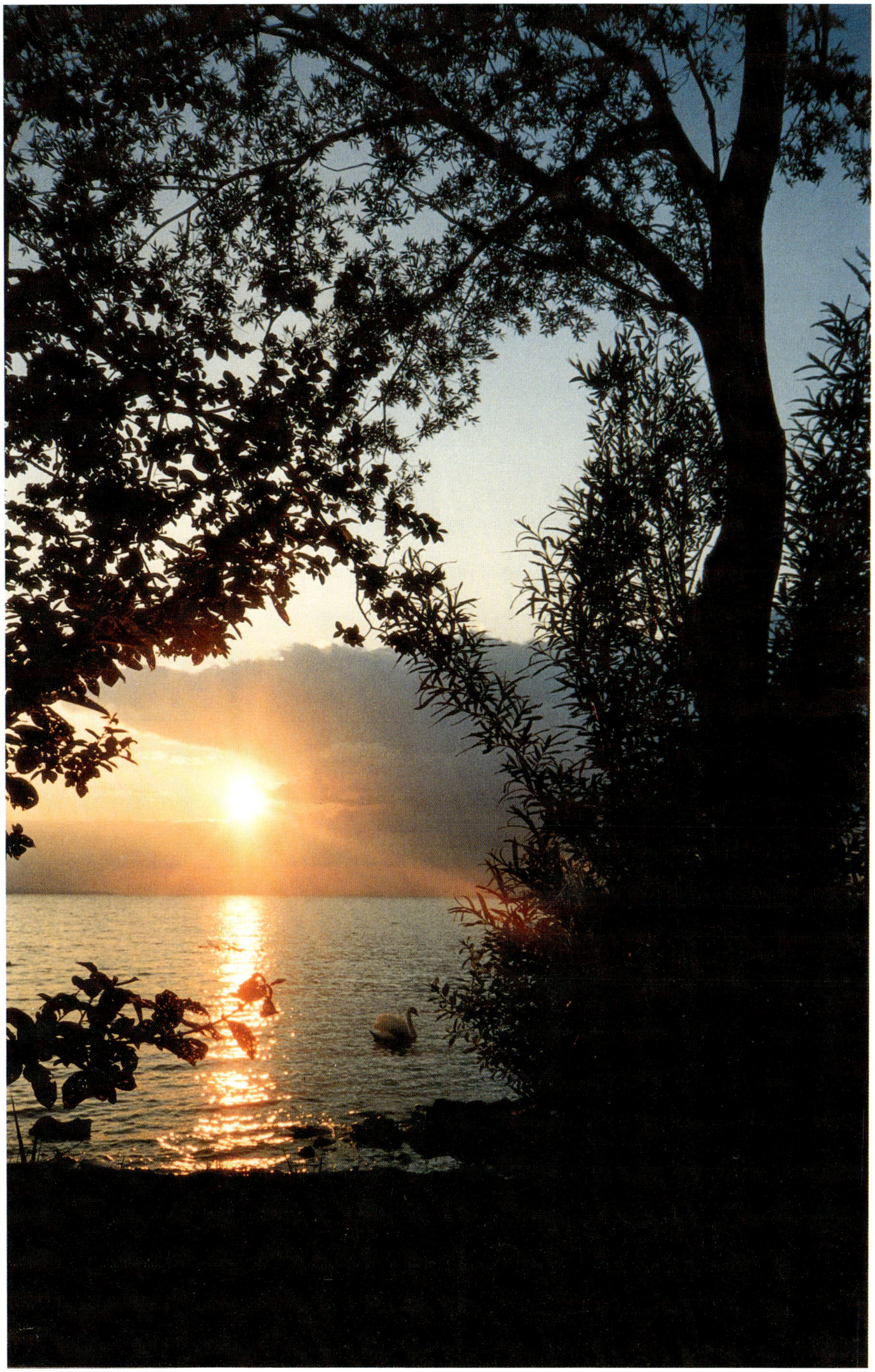

*Das Dunkel stieg, die Schatten drangen ein –
wo weilst du, weilst du denn, mein milder Schein;
sie drangen ein wie sündige Gedanken,
des Firmamentes Woge schien zu schwanken.*

Annette von Droste-Hülshoff

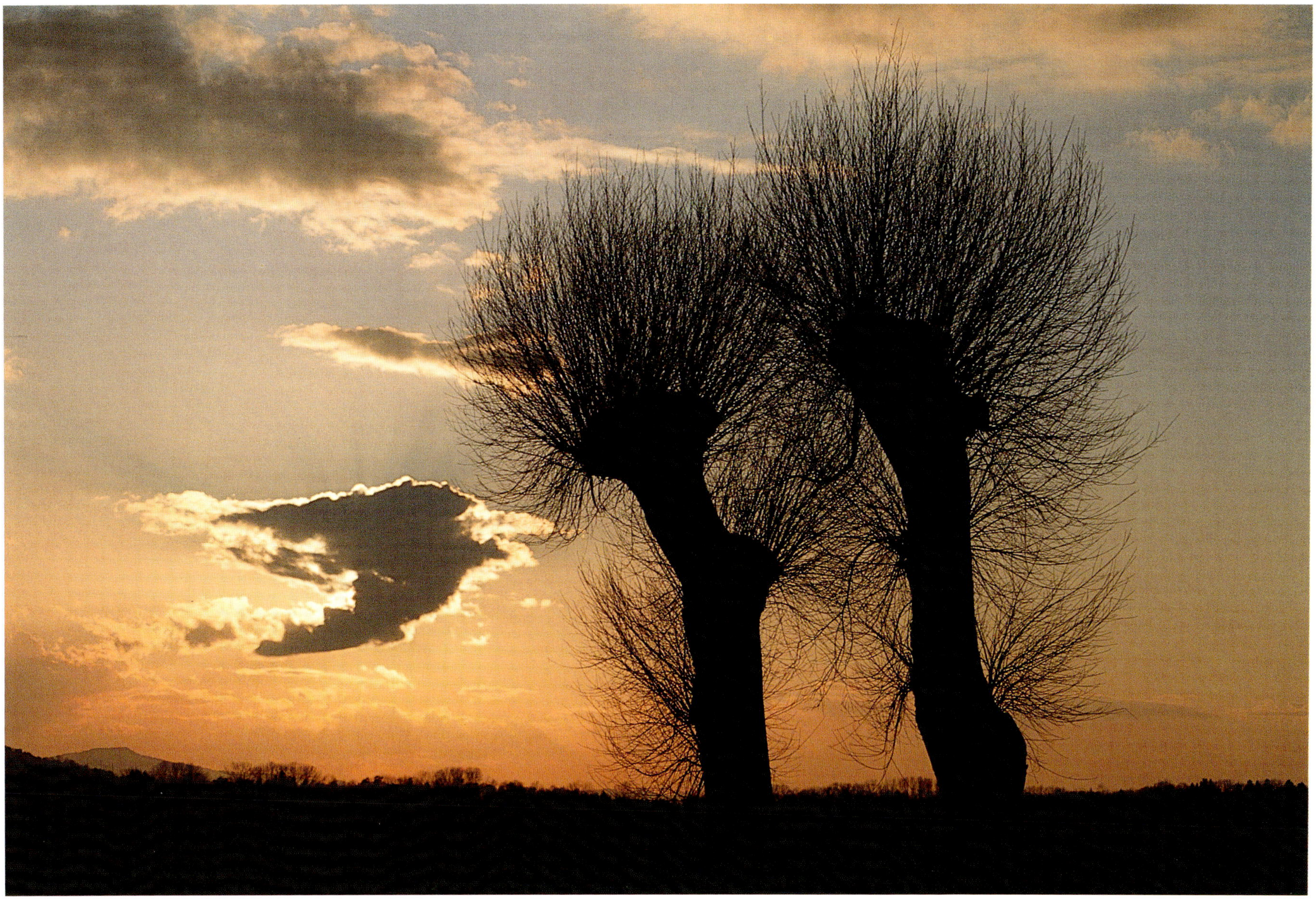

*Ich möchte wohl wissen,
wie's jetzt am Rhein
und um den Bodensee aussieht,
ob auch dort der Sommer vergeht.
In Frankreich liegen die Auen
in trübem Licht,
an der Seine und am Meer
tut der Reif ihnen weh.*

Konrad von Landegge

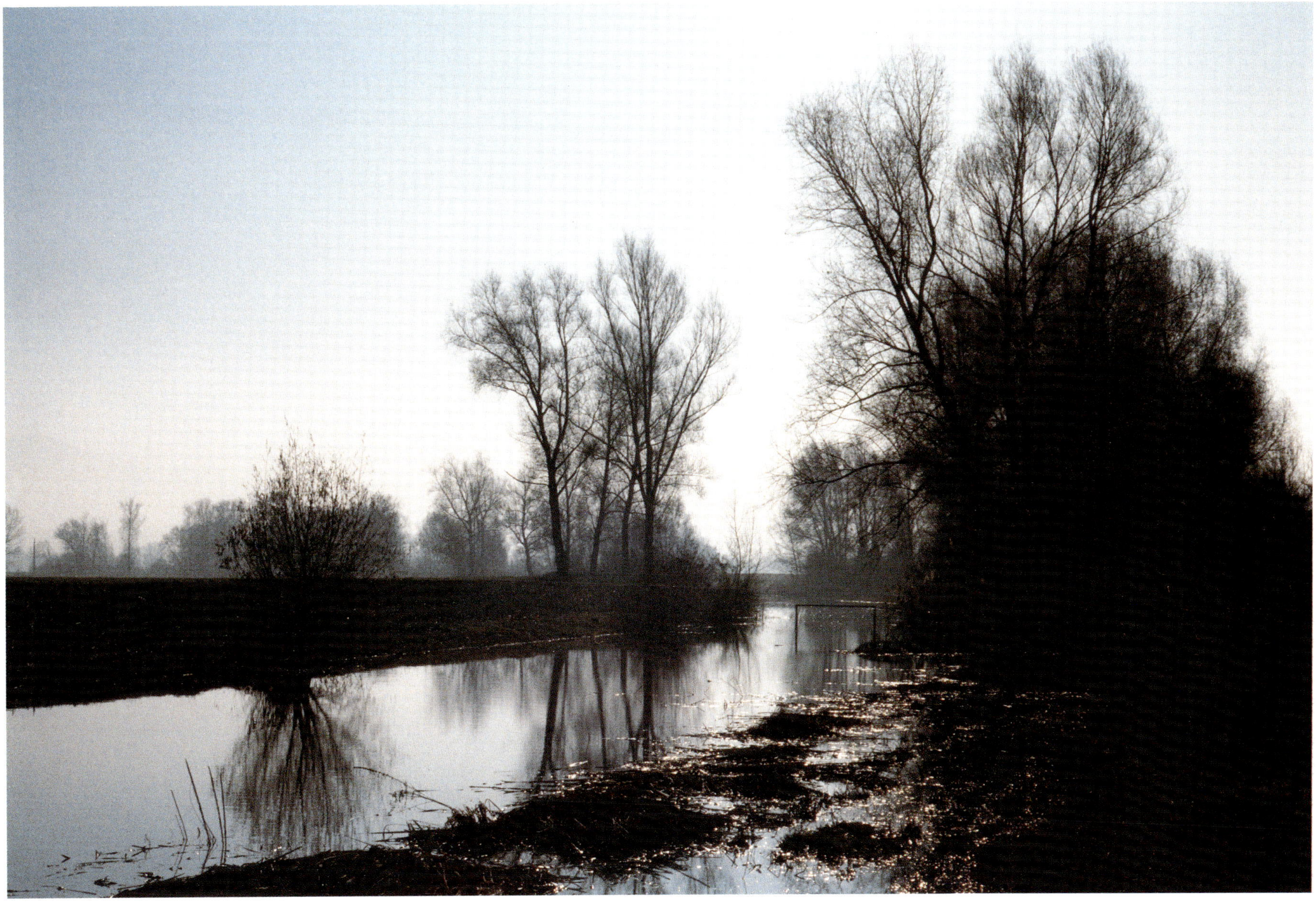

*Weh mir, wo nehm ich, wenn
es Winter ist, die Blumen, und wo
den Sonnenschein
und Schatten der Erde?
Die Mauern steh'n
sprachlos und kalt, im Winde
klirren die Fahnen.*

Friedrich Hölderlin

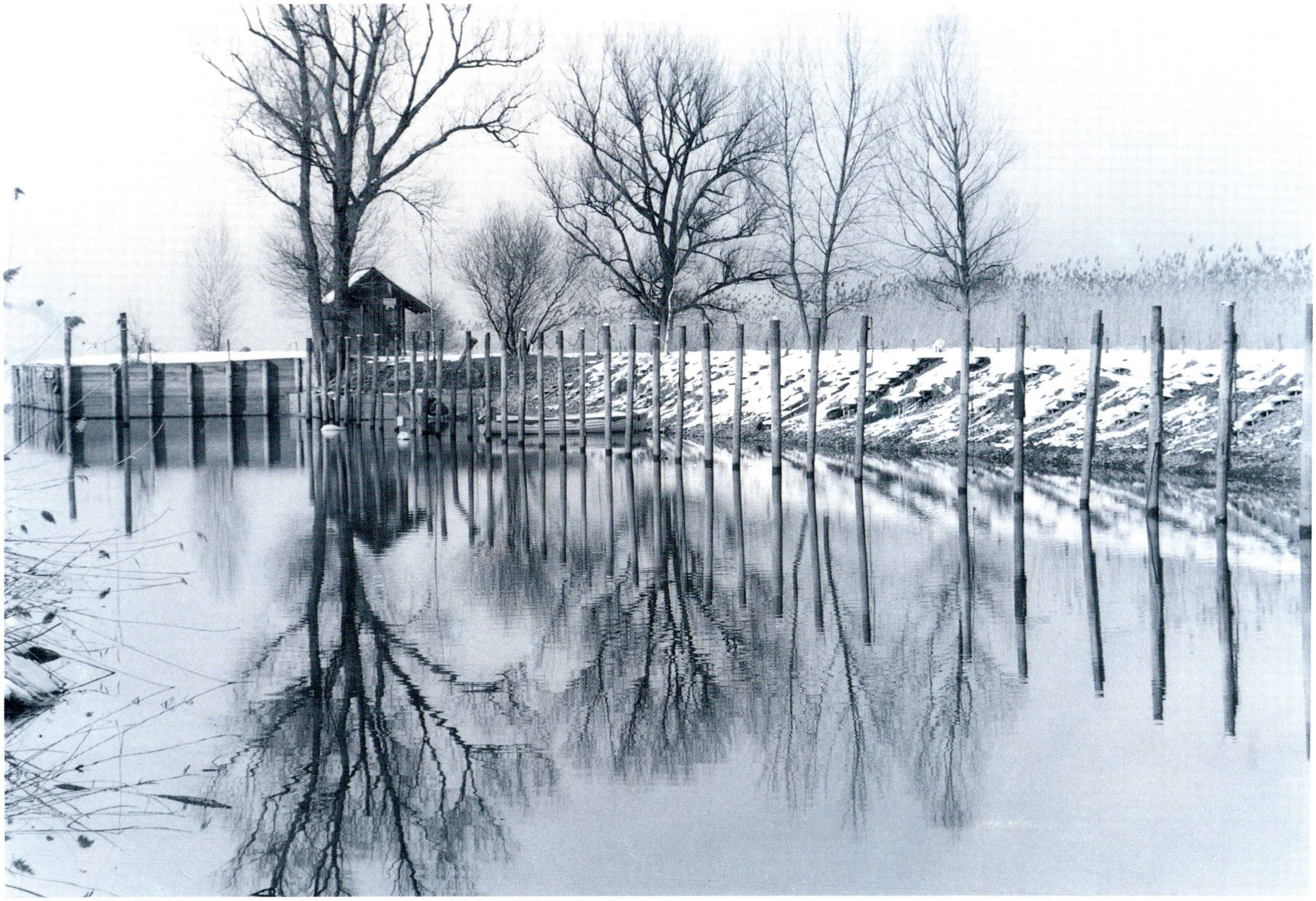

*Eine stille Stunde lang
kann ich so verzaubert schauen,
und es schläft der alte Drang
und es schläft das alte Grauen.*

Hermann Hesse

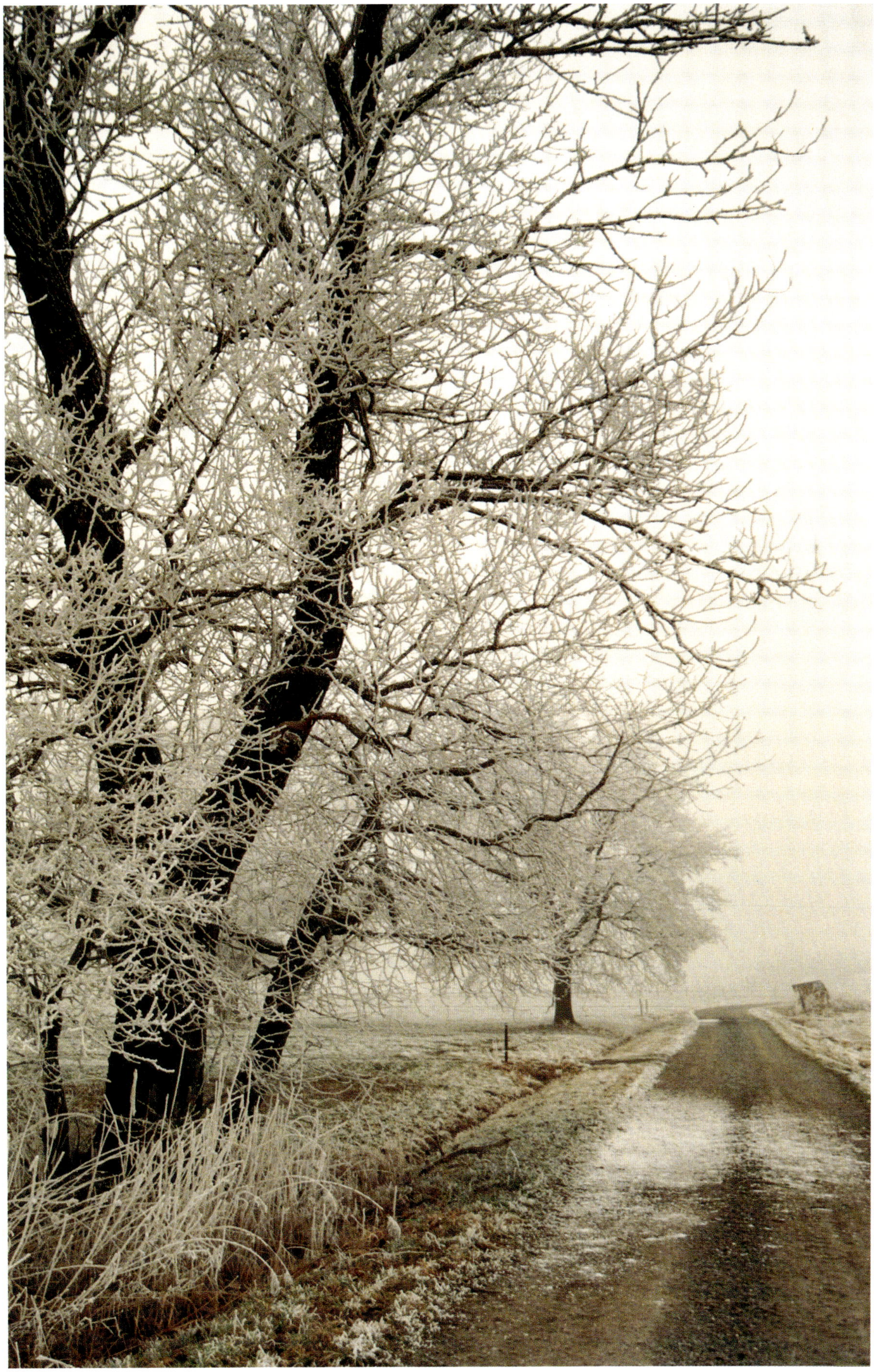

*Bläulich dämmert am Hügel hinab zum See
matten Schimmers im Schmelzen der weiche Schnee.
In den Nebeln gestaltlos wie bleiche Träume
schwimmen vielästige Kronen erstorbener Bäume.*

Hermann Hesse

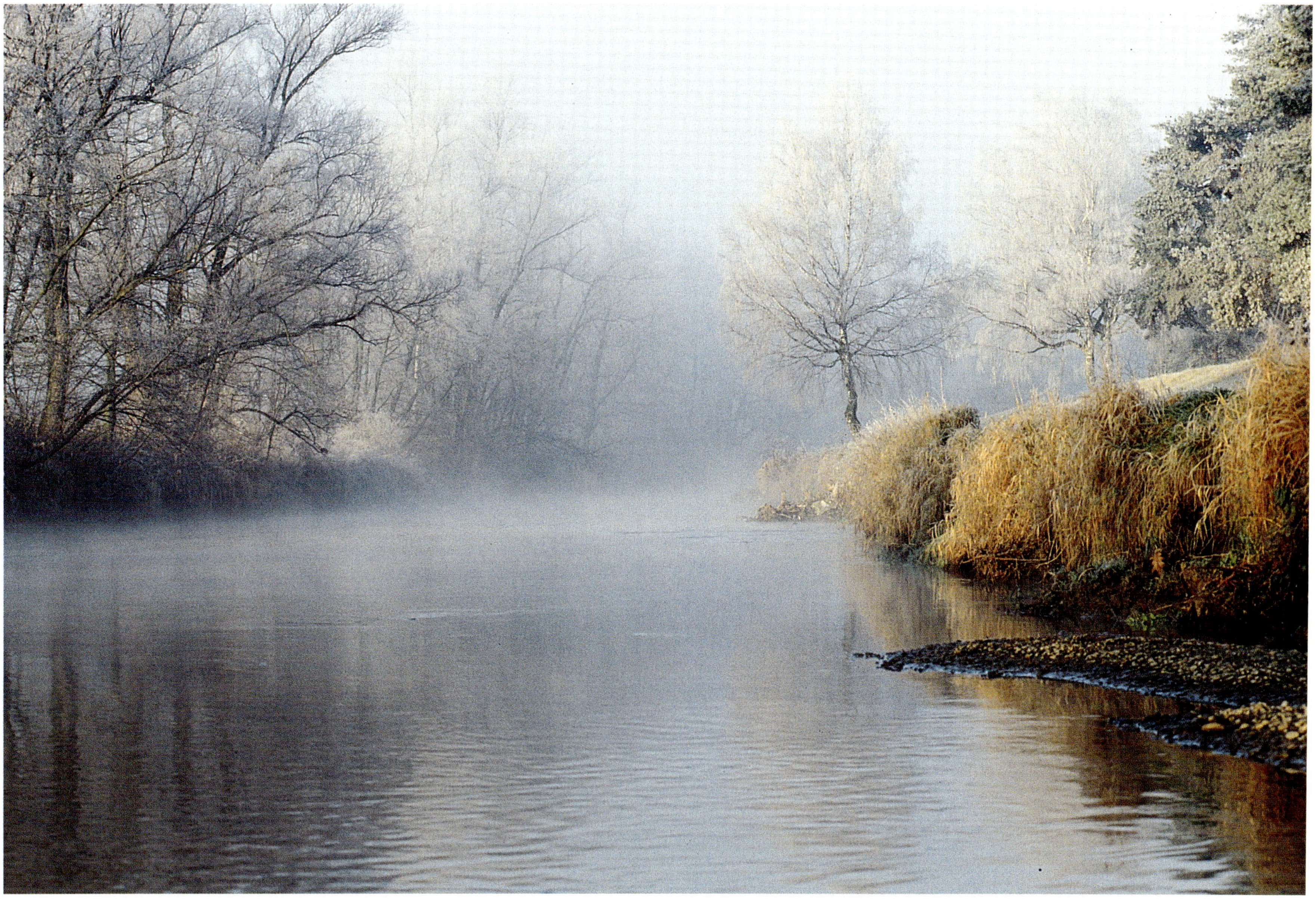

Wenn sich das Naturgeheimnis vom Augenscheinlichen zum Verborgenen vortastet, dann findet unser bloßes Auge nicht immer sein Auslangen.
Der Einsatz des Mikroskops ermöglicht ein noch tieferes Eindringen in die Geheimnisse der Naturlandschaft.
Die Tiere und Pflanzen im Vorarlberger Rheindelta bieten eine reiche und zugleich geheimnisvolle Fundgrube für mikroskopische Betrachtungen.

Laß den Mikrokosmos gelten
seine spenstigen Gestalten,
da die lieben kleinen Welten
wahrlich Herrlichstes entfalten.

Johann Wolfgang von Goethe

*Der Kopf der Libellenlarve erinnert beinahe an ein außerirdisches Wesen.
Die ansonsten düster gefärbten Libellenlarven leben am Grunde seichter Gewässer.
Halb im Schlamm vergraben, lauern sie dort auf kleine Wassertiere, die sie mit ihrer zu
einer Fangmaske umgestalteten Unterlippe blitzartig ergreifen.
Die Larve macht eine mehrjährige Entwicklung durch, bevor sie an einem
Pflanzenstengel emporklettert, und die Libelle schlüpft aus ihrer
letzten Larvenhaut.*

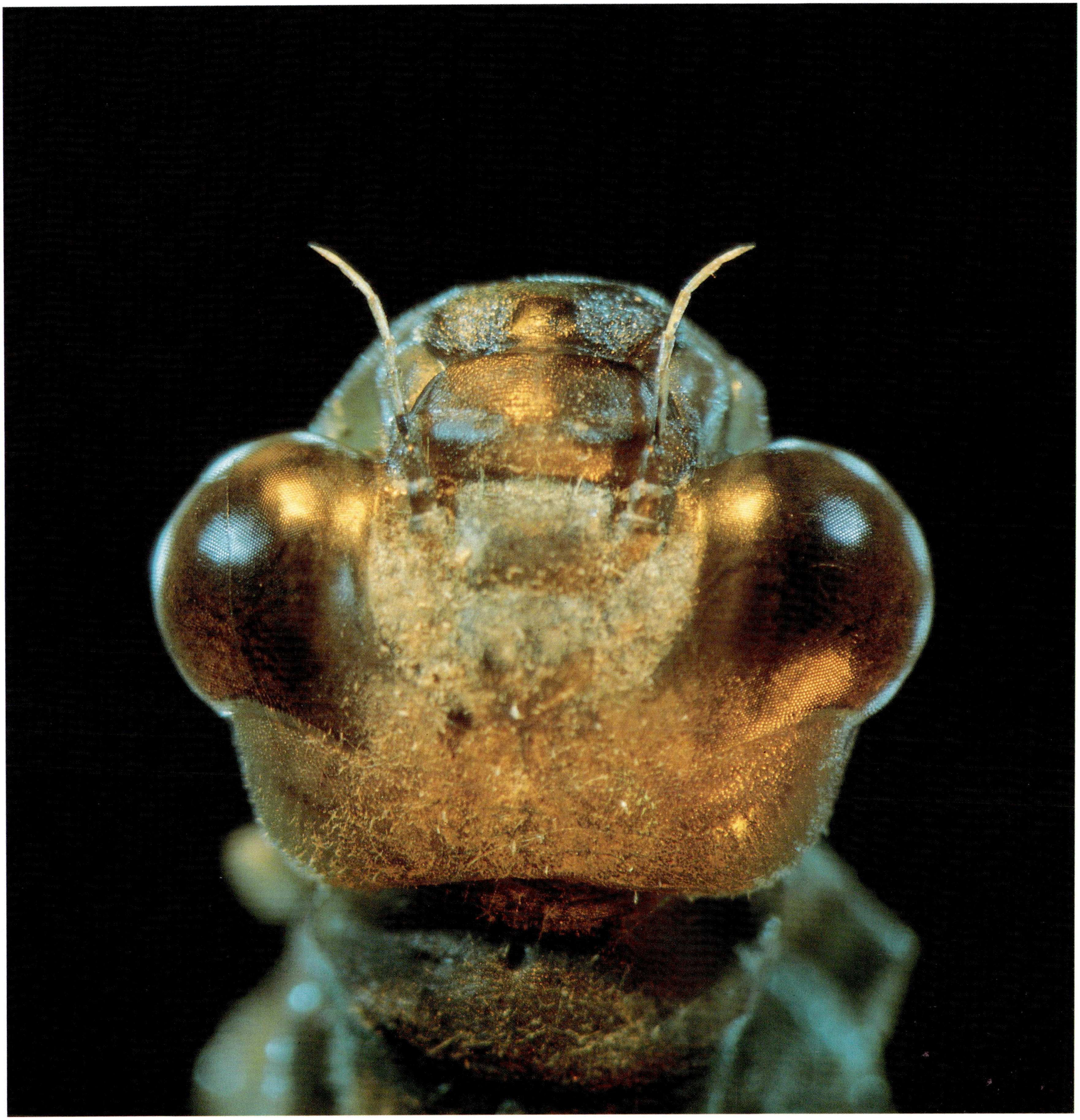

*Die auffallend schwarz-weiß-blaue Bänderung der Flügeldecken verleiht dem Eichelhäher ein beinahe exotisches Aussehen, obwohl es sich um einen Rabenvogel handelt.
Er ahmt geschickt die verschiedensten Geräusche und Stimmen nach (Spottvogel) und macht mit seinem lauten, kreischenden „Rätsch" die anderen Waldtiere auf die Anwesenheit des Jägers aufmerksam.*

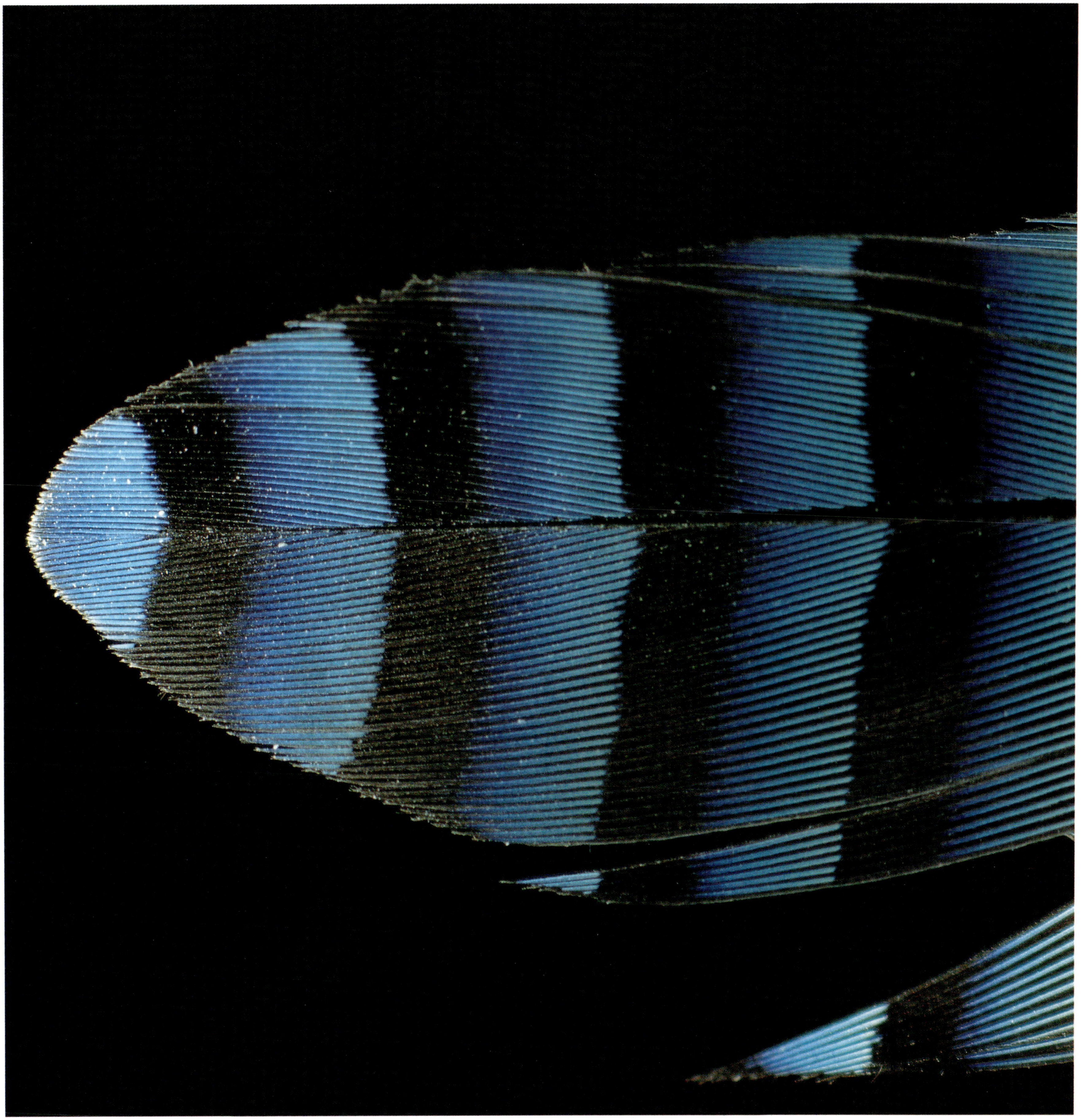

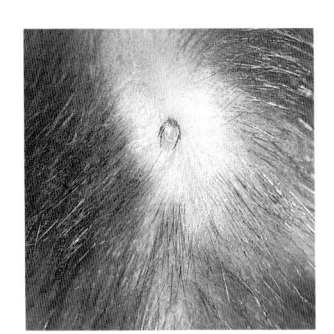

*Zecken sind parasitische Milben, deren vorderes Beinpaar mit einem empfindlichen Geruchsorgan ausgestattet ist.
Die im Ast- und Blattwerk lauernden „Holzböcke" reagieren auf den Schweißgeruch (Buttersäurekomponente) der Warmblüter wie Hunde, Katzen, Menschen, indem sie sich auf solche fallenlassen und in deren Haut verankern. Bei ihrer Saugtätigkeit können sie verschiedene Krankheiten (z. B. eine bestimmte Gehirnhautentzündung) übertragen.*

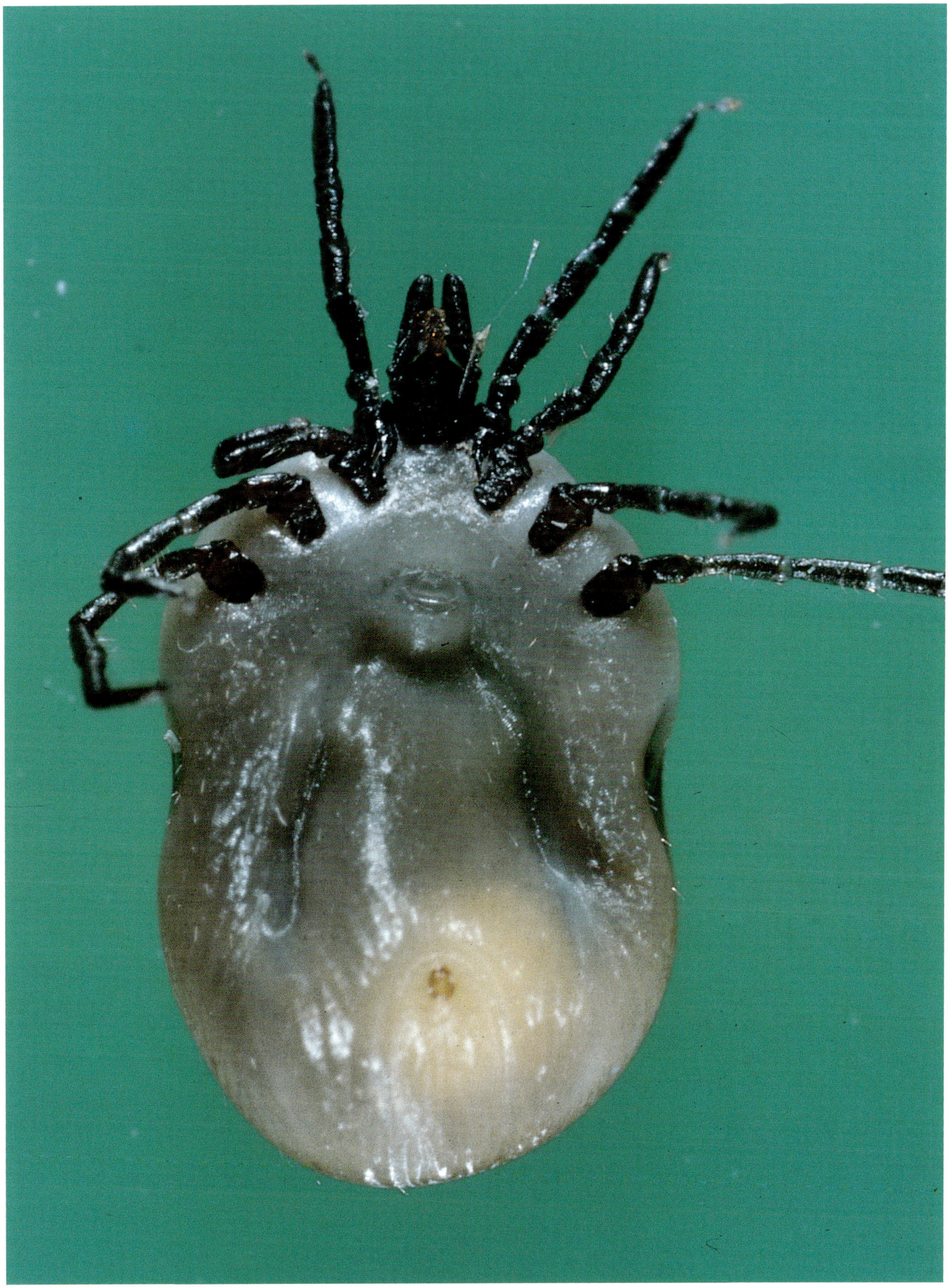

*Süßwasserpolypen sind Hohltiere, deren schlauchsackförmiger Körper an Schilf und anderen Wasserpflanzen haftet.
Die Öffnung dieses Sackes ist von Fangarmen umstellt, die mit zahlreichen Nesselkapseln besetzt sind. In diesen befindet sich je ein Nesselfaden, der bei Berührung ausgestülpt wird und ein stark nesselndes, lähmendes Sekret absondert.*

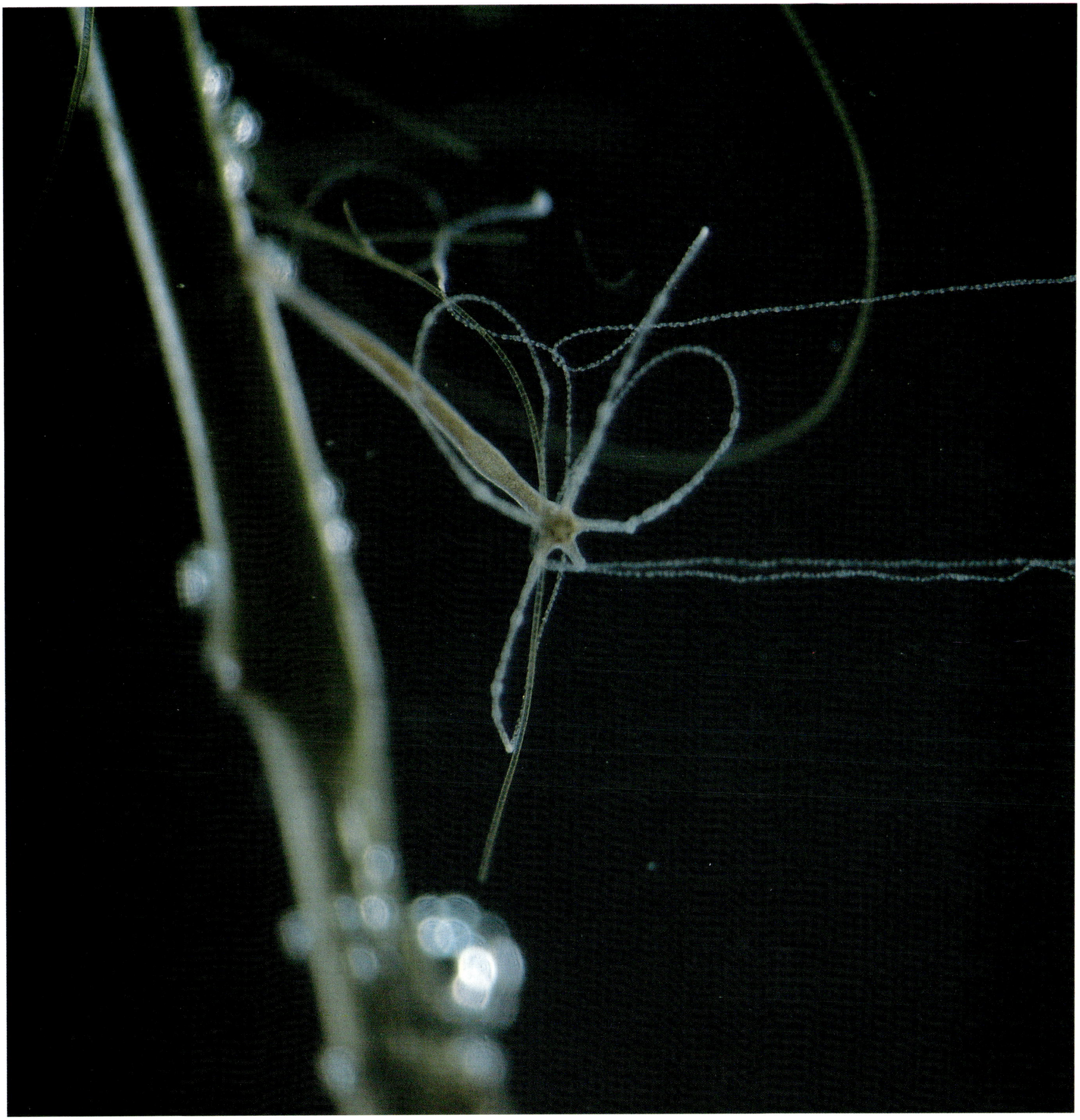

Die Karpfenlaus läßt mit ihren Spaltfüßen ihre Zugehörigkeit zu den Krebstieren erkennen. Mit den Unterkiefern, die zu großen Saugnäpfen umgebildet sind, kann sie Fischen wie Karpfen, Hecht u. a. Blut „abzapfen". Manchmal findet man diesen schmarotzenden Kleinkrebs auch an Kaulquappen.

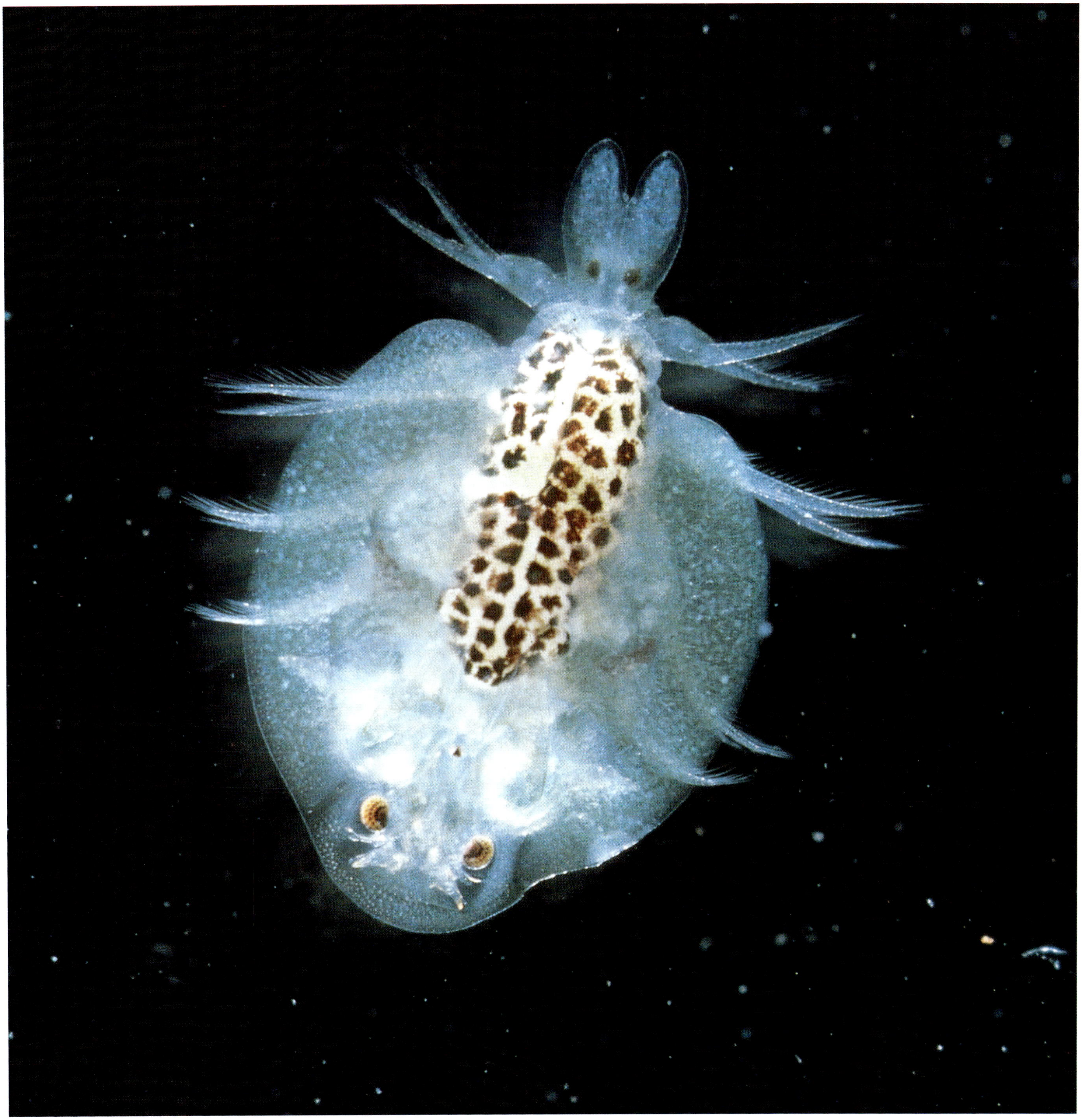

Die Stechmückenlarven leben ausnahmslos aquatisch.
Im Rheindelta gibt es genug Seen, Tümpeln und Wassergräben, wo sie sich von allerlei organischen Stoffen ernähren können.
Die Weibchen der Stechmücken sind lästige Blutsauger, ihre Männchen dagegen harmlose Blütenbesucher.

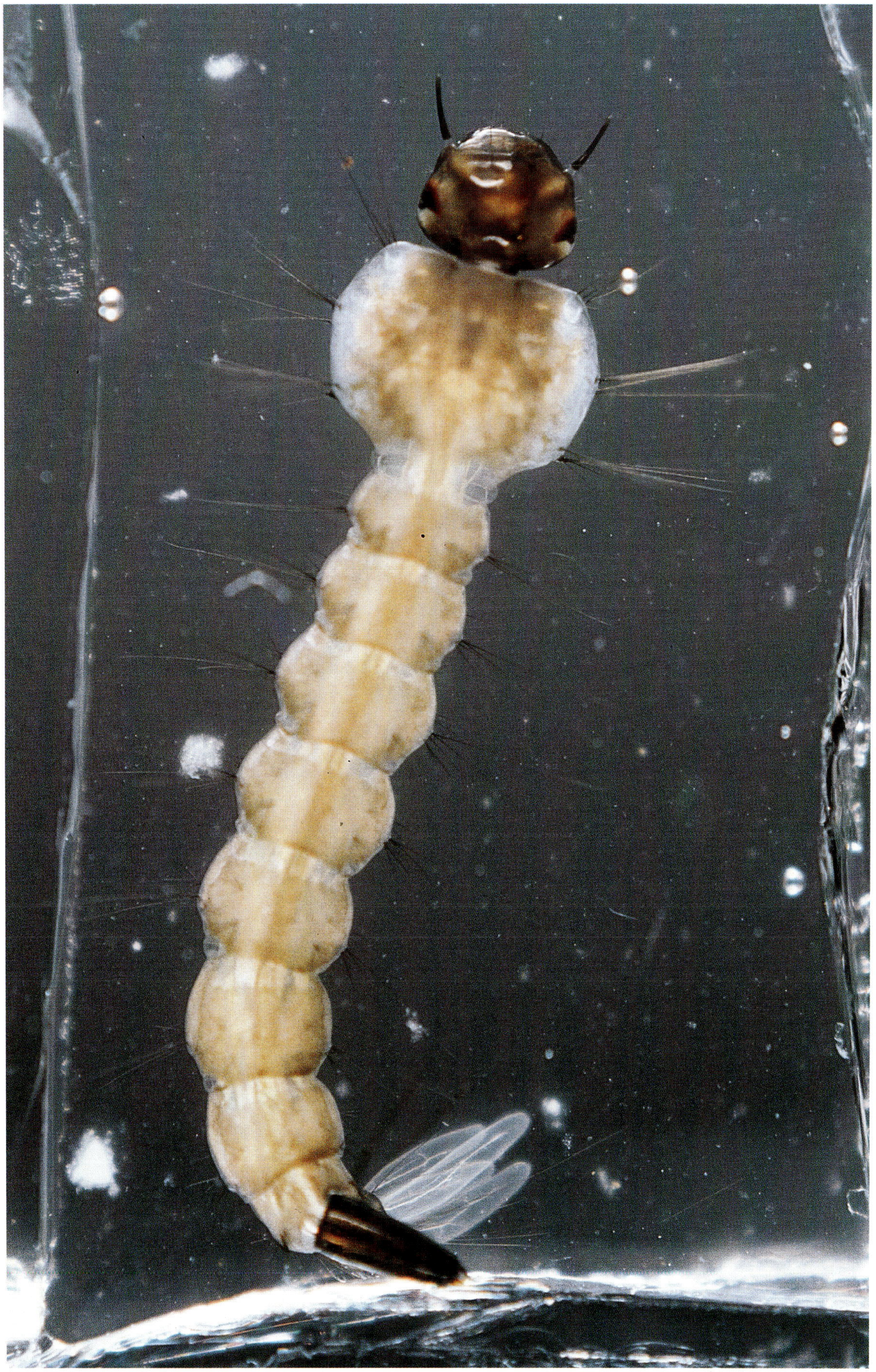

Die Flügelzeichnung der Schmetterlinge besteht – wie auch beim „Kleinen Fuchs" – aus einem Mosaik verschiedenfarbiger Schuppen, die dem freien Auge als feiner Staub erscheinen. Beim Anfassen der Flügel bleiben diese Chitinplättchen an den Fingern haften; der Verlust größerer Schuppenfelder beeinträchtigt etwas das Flugvermögen der Falter.

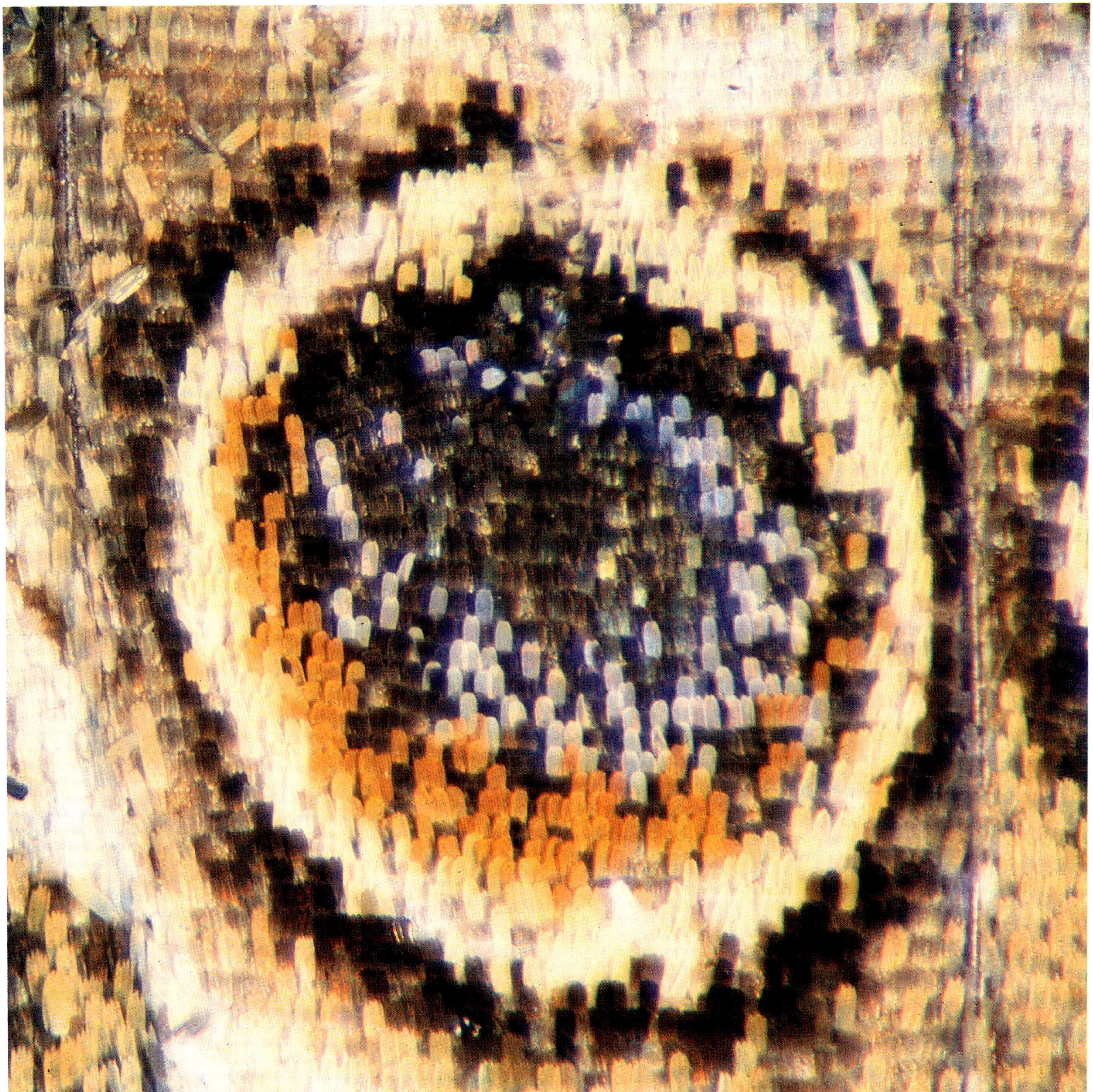

*Der Bücherskorpion, dessen Tasterbeine mit mächtigen
Greifscheren versehen sind, gehört zu den Spinnentieren.
Es fehlt ihm aber sowohl das Spinnvermögen der Webspinnen wie auch der
Giftstachel der eigentlichen Skorpione. Bücherskorpione leben
räuberisch und machen Jagd auf Milben und Staubläuse.*

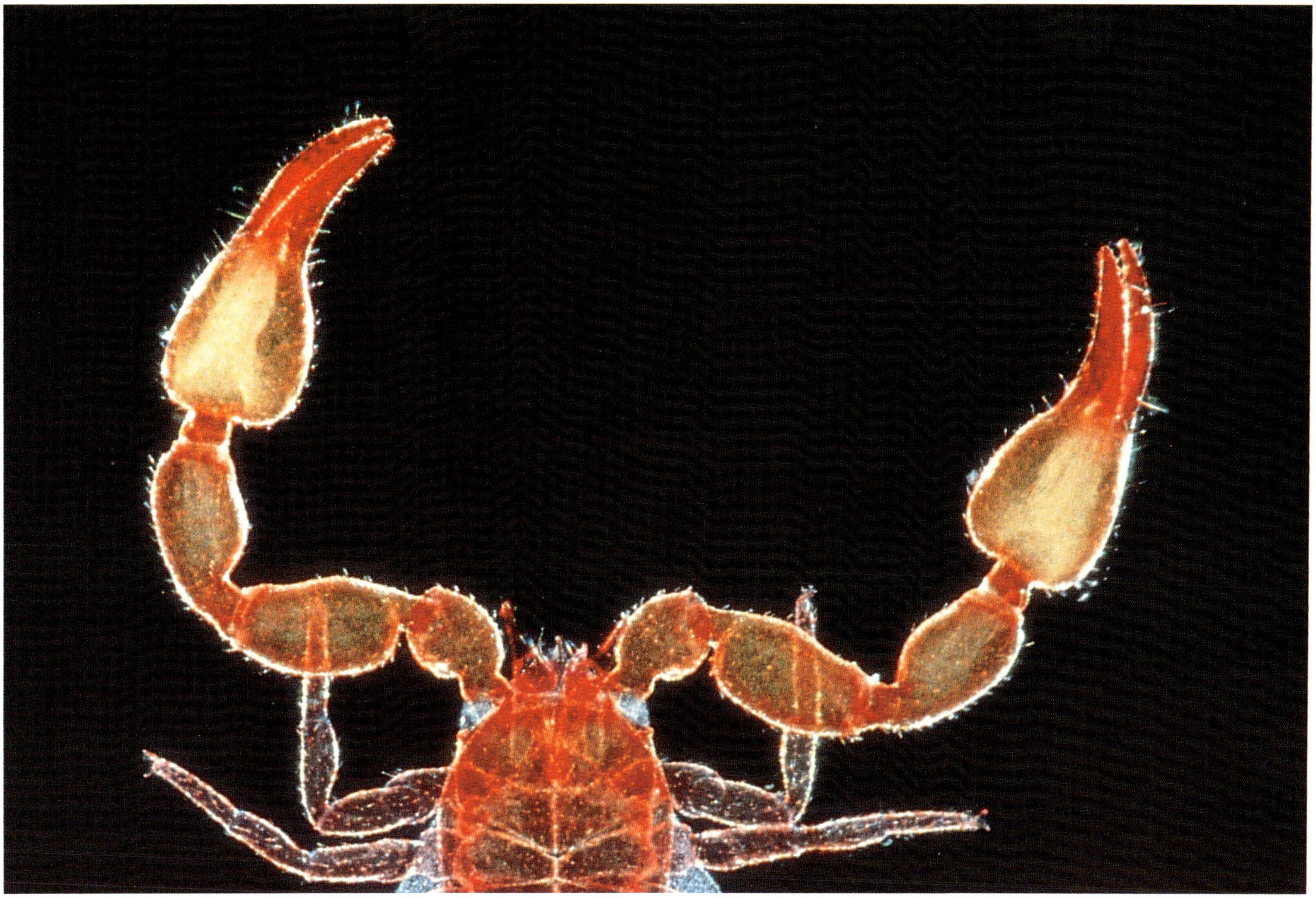

Die Schuppen der Eidechse sind Horngebilde, die aus den Zellen der mehrschichtigen Oberhaut hervorgegangen sind. Sie werden nach ihrer dachziegelartigen Anordnung als Schindelschuppen bezeichnet und schützen das Tier sowohl vor Verletzungen als auch vor Austrocknung.

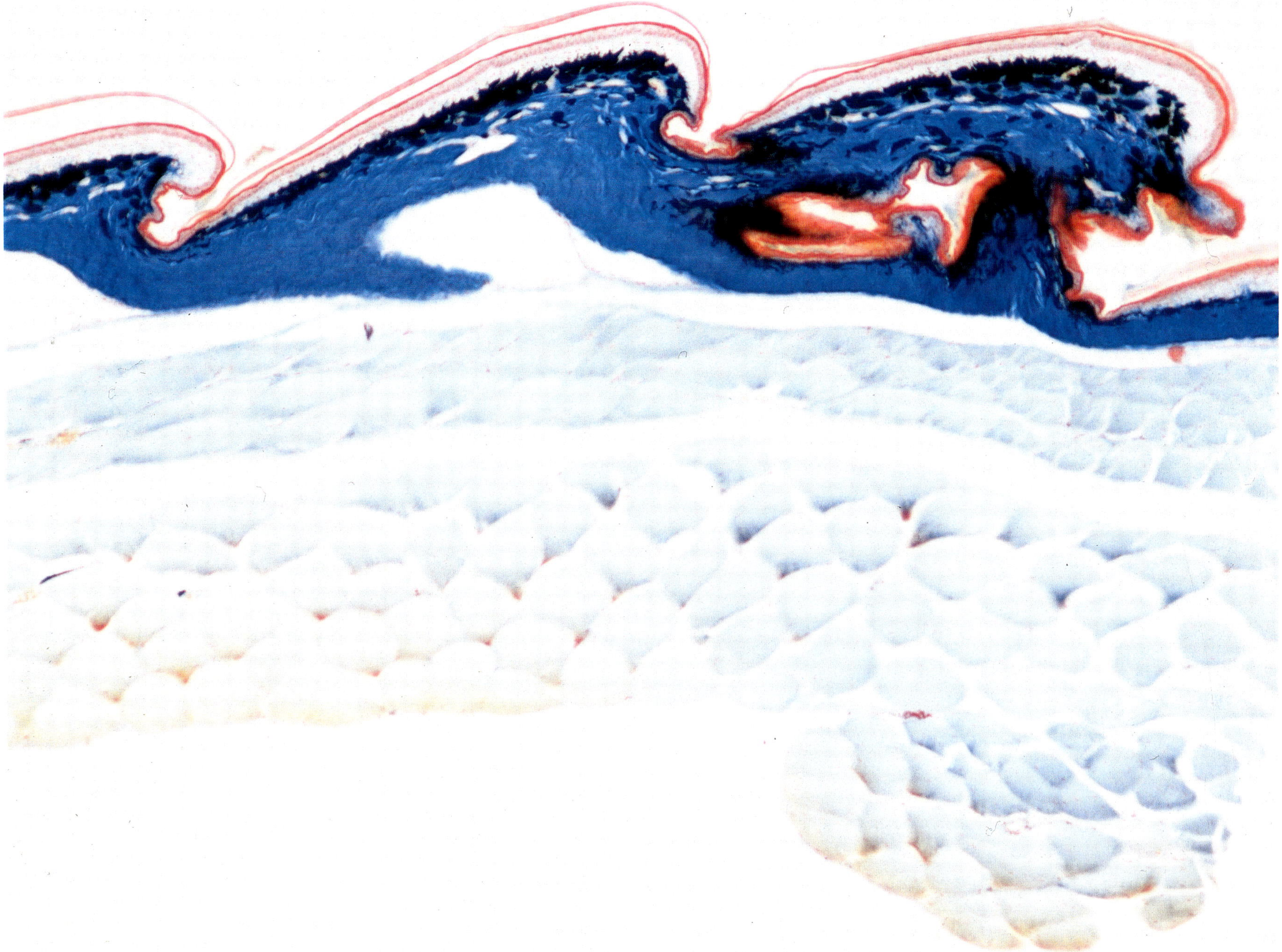

Die Darmzotten des Frosches vergrößern die Oberfläche der Darminnenwände und beschleunigen damit, wie bei anderen Tieren auch, die Aufnahme der Nährstoffe ins Blut. Frösche sind durchwegs räuberisch und ernähren sich von Insekten, die sie mit ihrer vorschnellbaren Zunge sogar im Flug erhaschen.

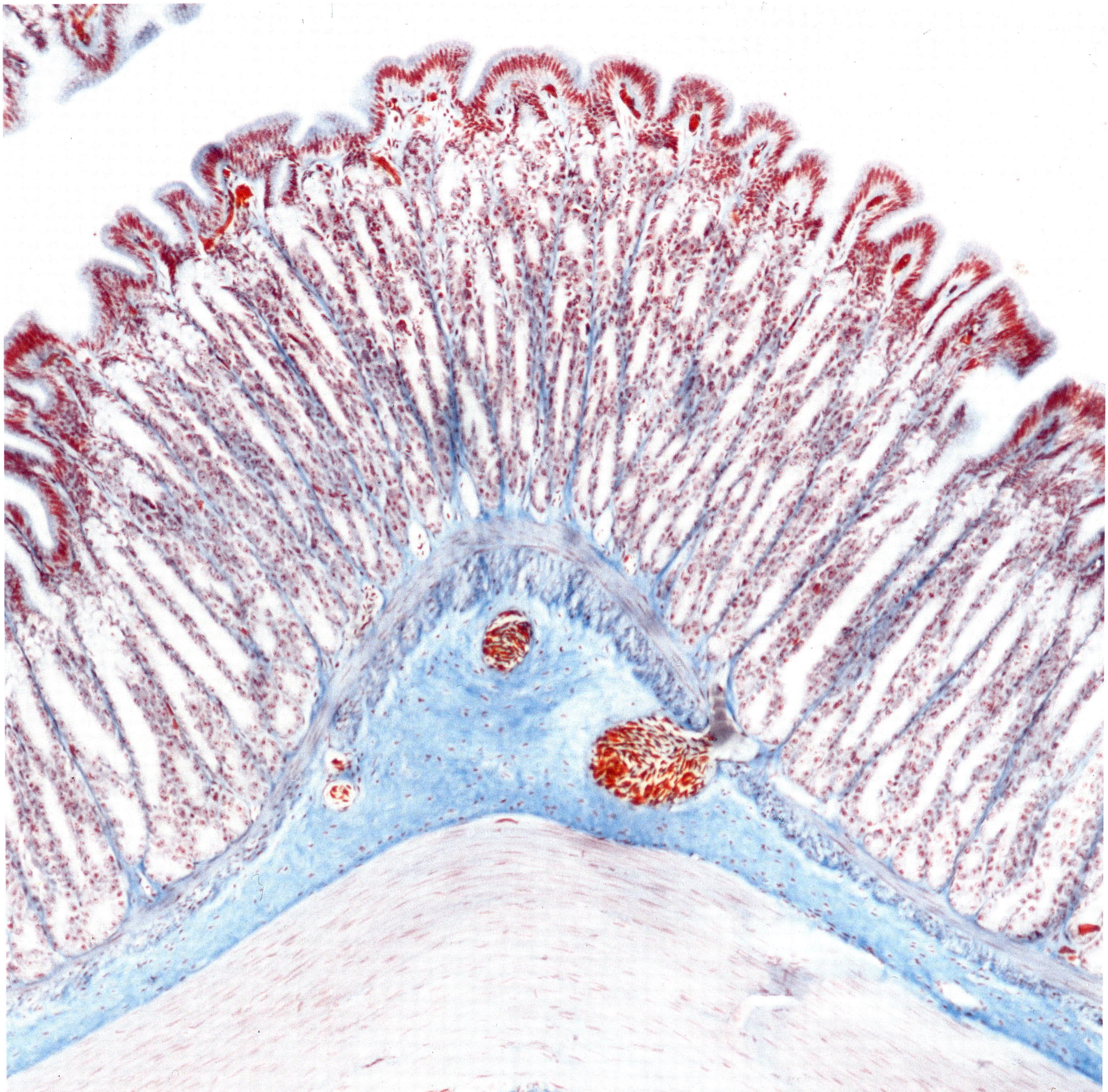

Die Schuppen der Schleie werden als Rundschuppen bezeichnet, weil sie sich von anderen Schuppenformen durch ihre konzentrische Streifung unterscheiden. Oft treten dazu – wie bei der Schleienschuppe – noch radiale, d. h. vom Mittelpunkt ausstrahlend, Furchen auf.

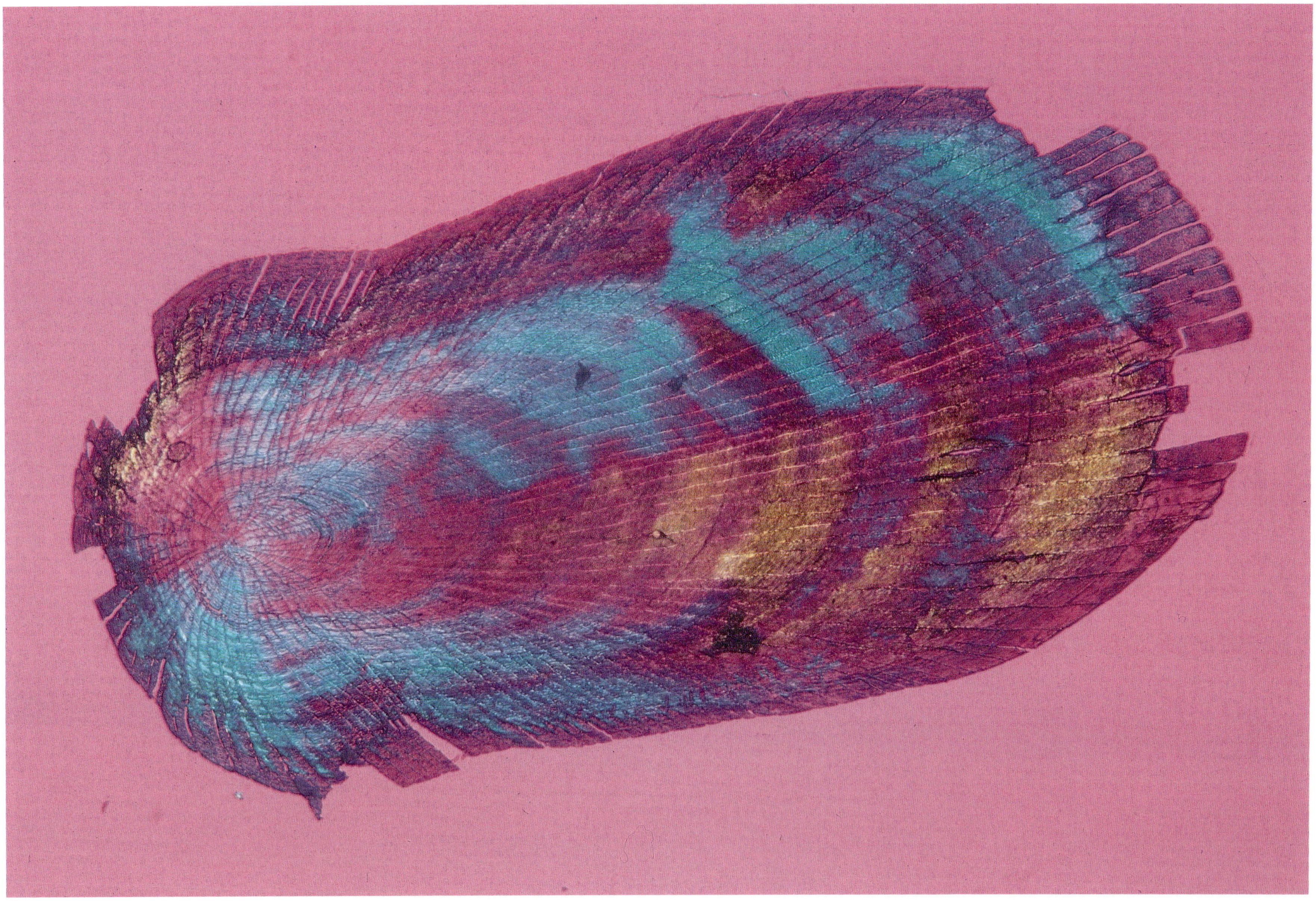

Die Brennhaare der Brennessel haben ein verkieseltes, glasartig sprödes Endköpfchen. Dieses Köpfchen weist in bestimmter Höhe eine Verdünnung auf, sodaß es bei Berührung schräg abbricht; nun kann die feine, hohle Spitze in die Haut eindringen. Das nesselnde Brennen wird durch zum Teil giftige Zellinhalte verursacht.

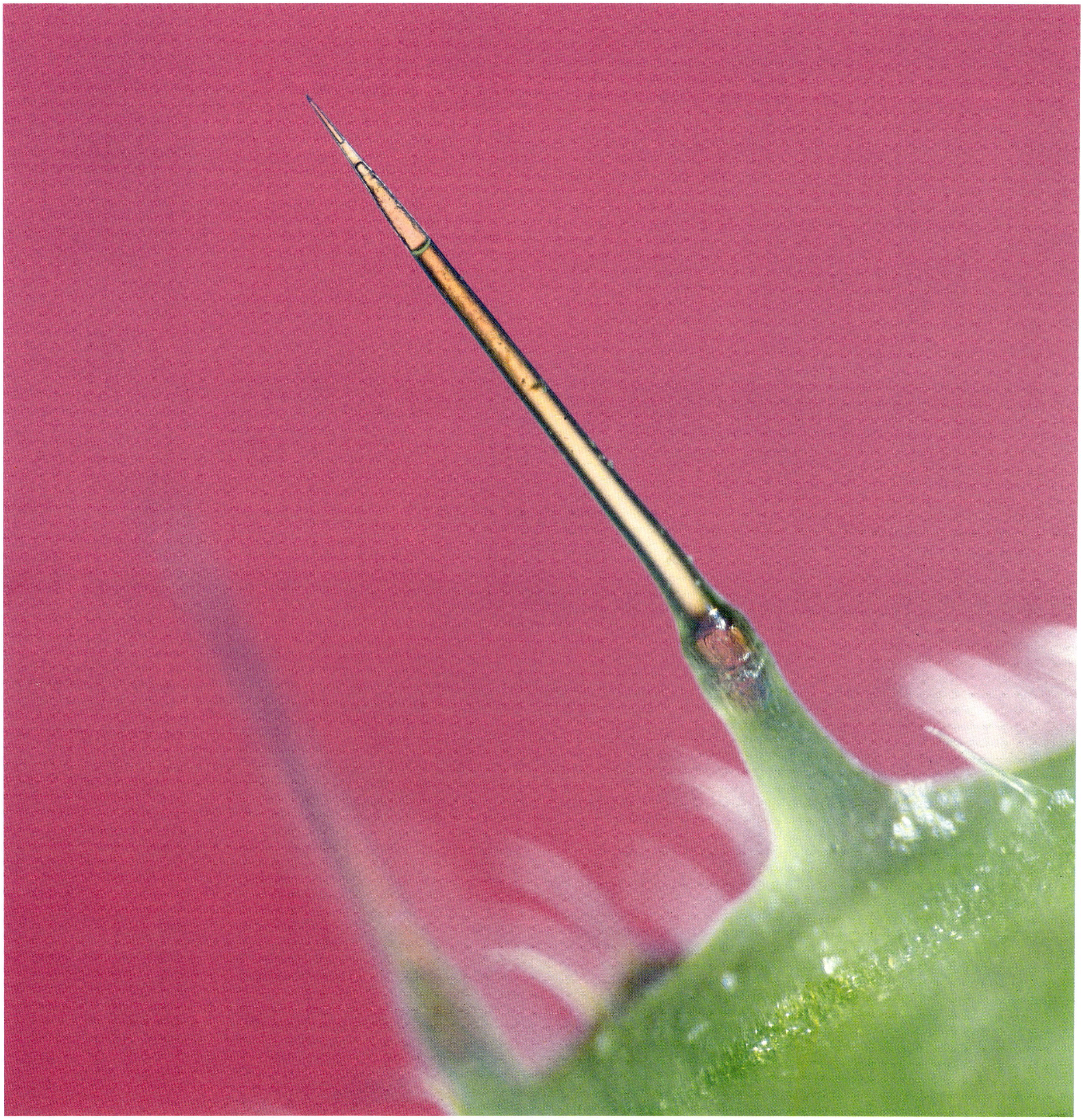

Im Stengelquerschnitt der Schafgarbe lassen sich verschiedene Gewebearten unterscheiden, die alle aus dem am Sproßscheitel liegenden Bildungsgewebe hervorgegangen sind und sich entsprechend ihrer unterschiedlichen Funktionen differenziert haben: Hautgewebe zum Schutz gegen Austrocknung, Festigungsgewebe zum Schutz gegen Zug und Druck, Leitgewebe zur Stoffleitung.

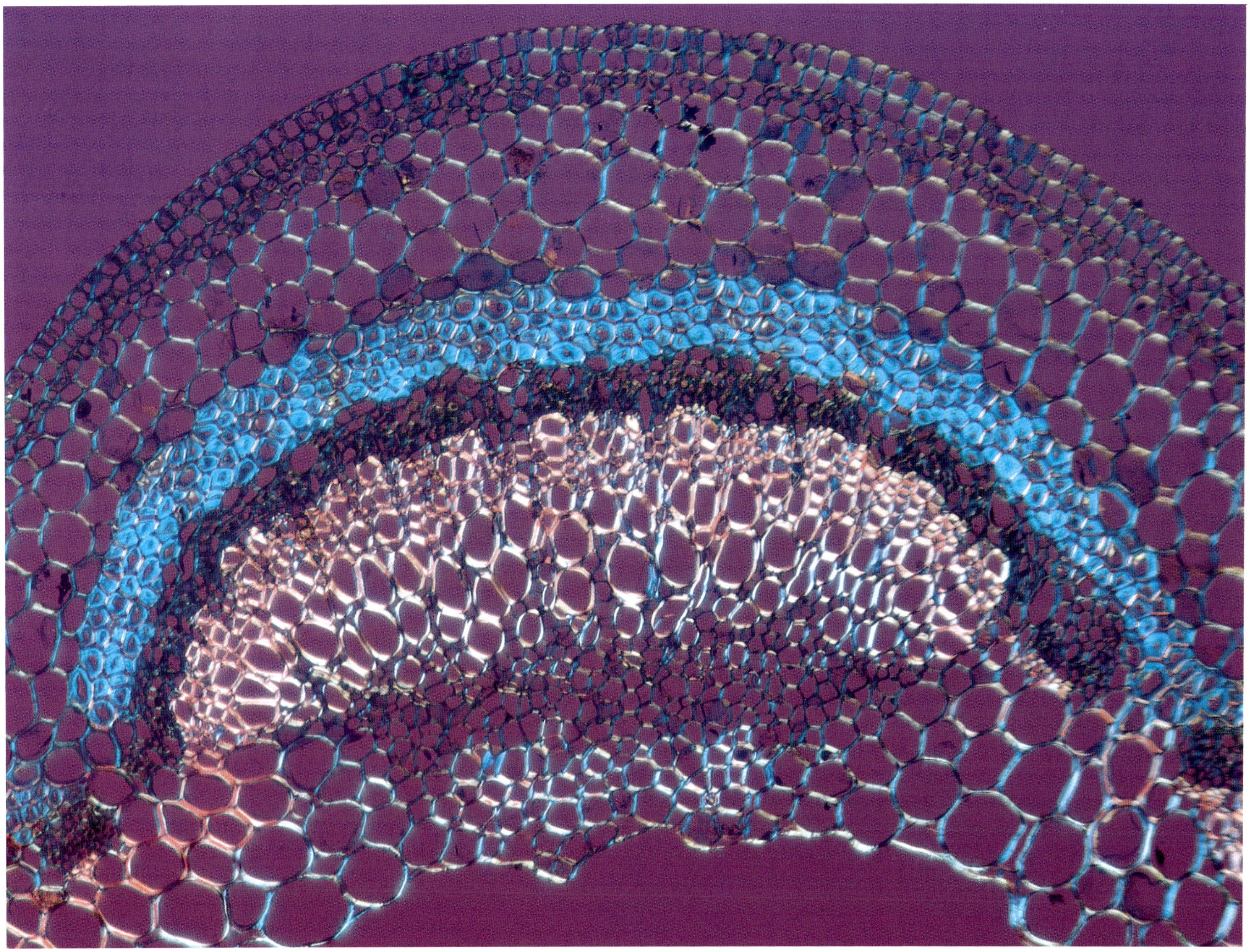

*Der Querschnitt durch ein Schilfrohr zeigt die für einkeimblättrige Pflanzen typisch unregelmäßige Anordnung der Gefäßbündel.
In diesen werden organische Stoffe (Assimilationsprodukte) wurzelwärts und Wasser mit darin gelösten Nährsalzen halmaufwärts geleitet.*

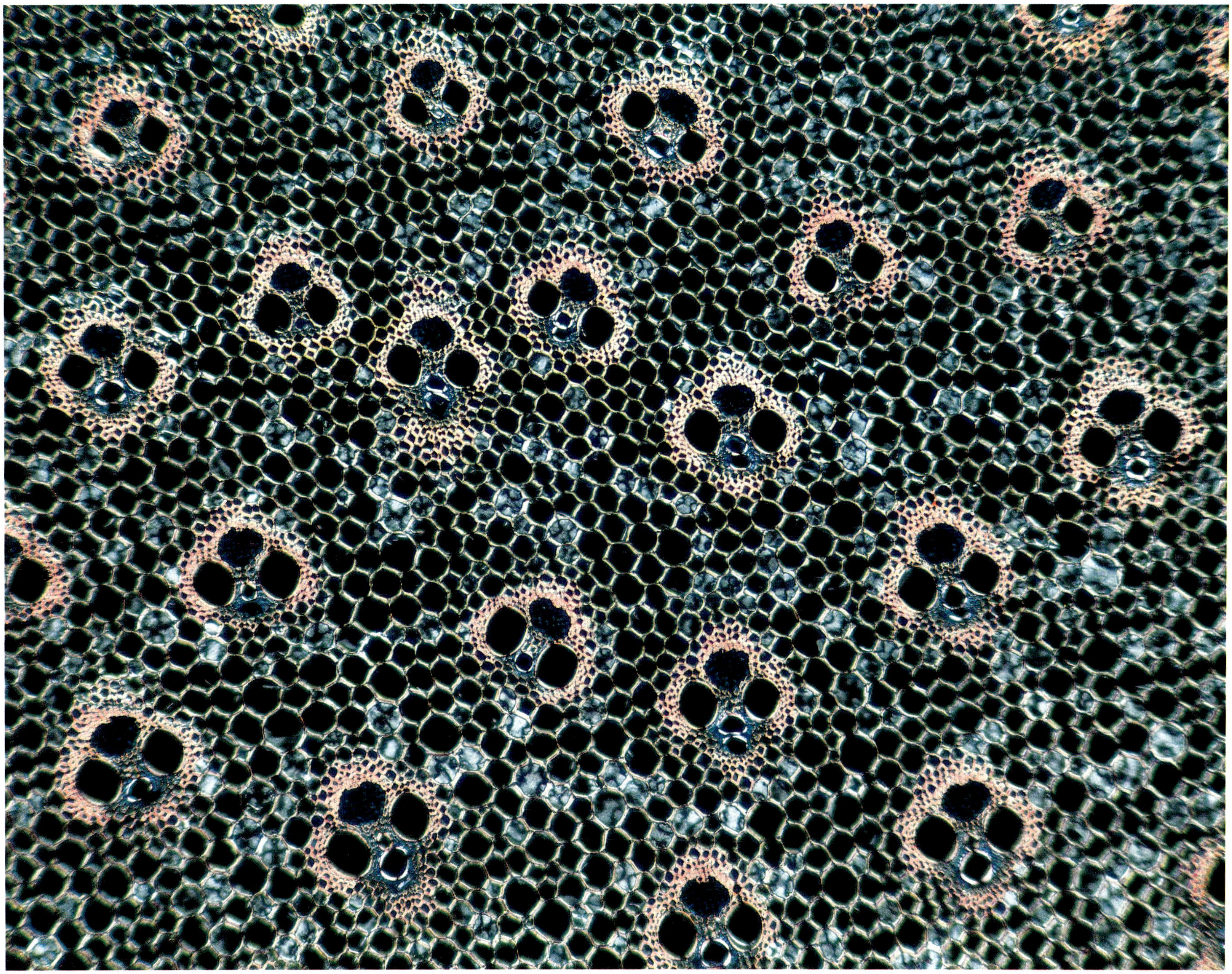

Der vergrößerte Querschnitt läßt deutlich erkennen, daß die Blüten- und Blattstiele der Seerose mit weiten Zellzwischenräumen ausgestattet sind, die der Durchlüftung der Gewebe dieser Wasserpflanze dienen.
Eine weitere Anpassung an das Wasserleben sind die ausnahmsweise auf der Oberseite der Schwimmblätter liegenden Spaltöffnungen, die den Gasaustausch zwischen Außenluft und Blattgewebe ermöglichen.

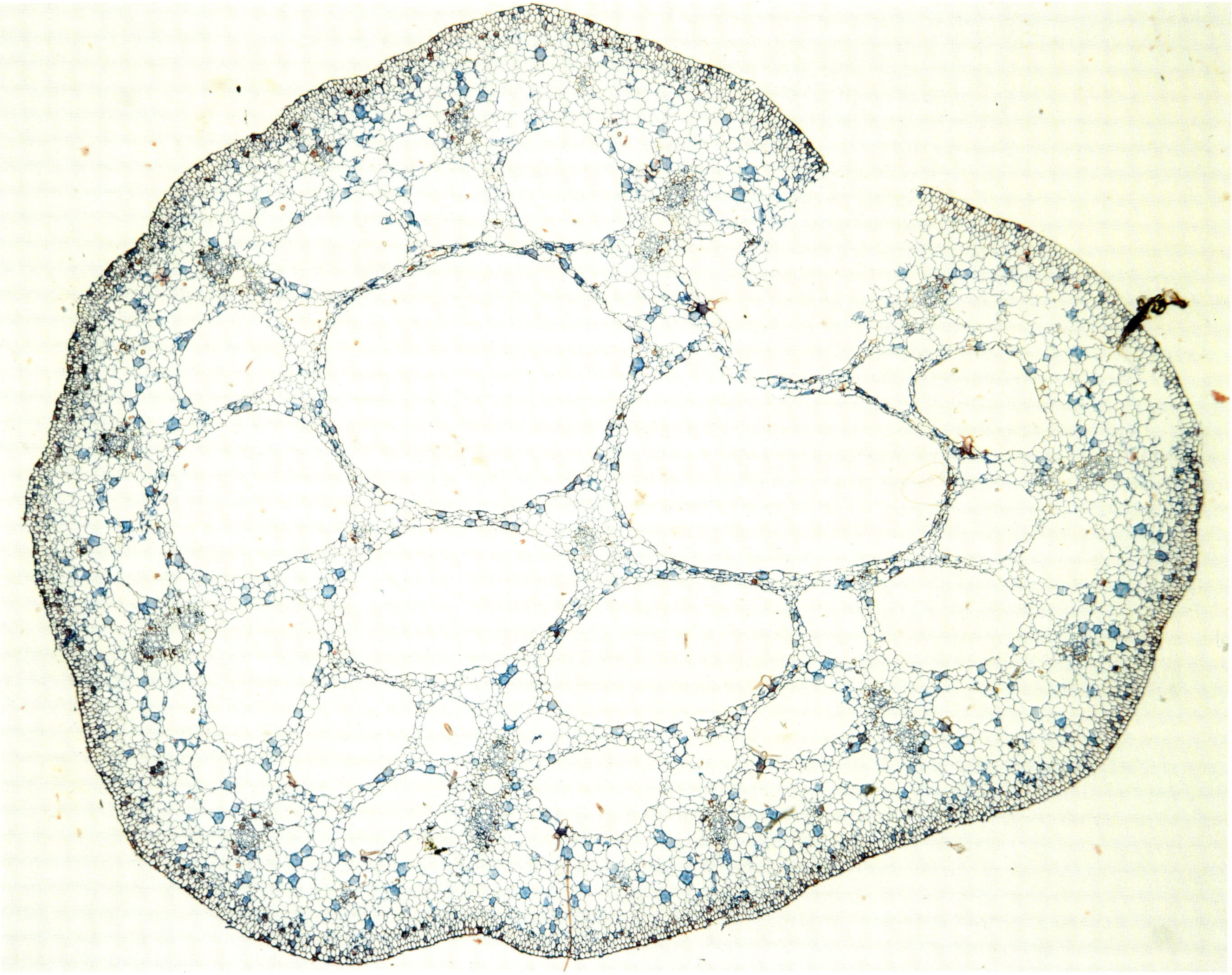

Das Holz der Weide ist – wie bei den meisten schnellwüchsigen Gehölzen – weich, grobfaserig und biegsam, aber wenig dauerhaft. Es wird technisch zur Herstellung von Schachteln, Kisten, Zahnstochern usw. sowie zur Papierfabrikation benützt. Verschiedene Weidenarten werden auch in Kulturen gezogen, weil ihre Ruten als Binde- und Flechtmaterial Verwendung finden.

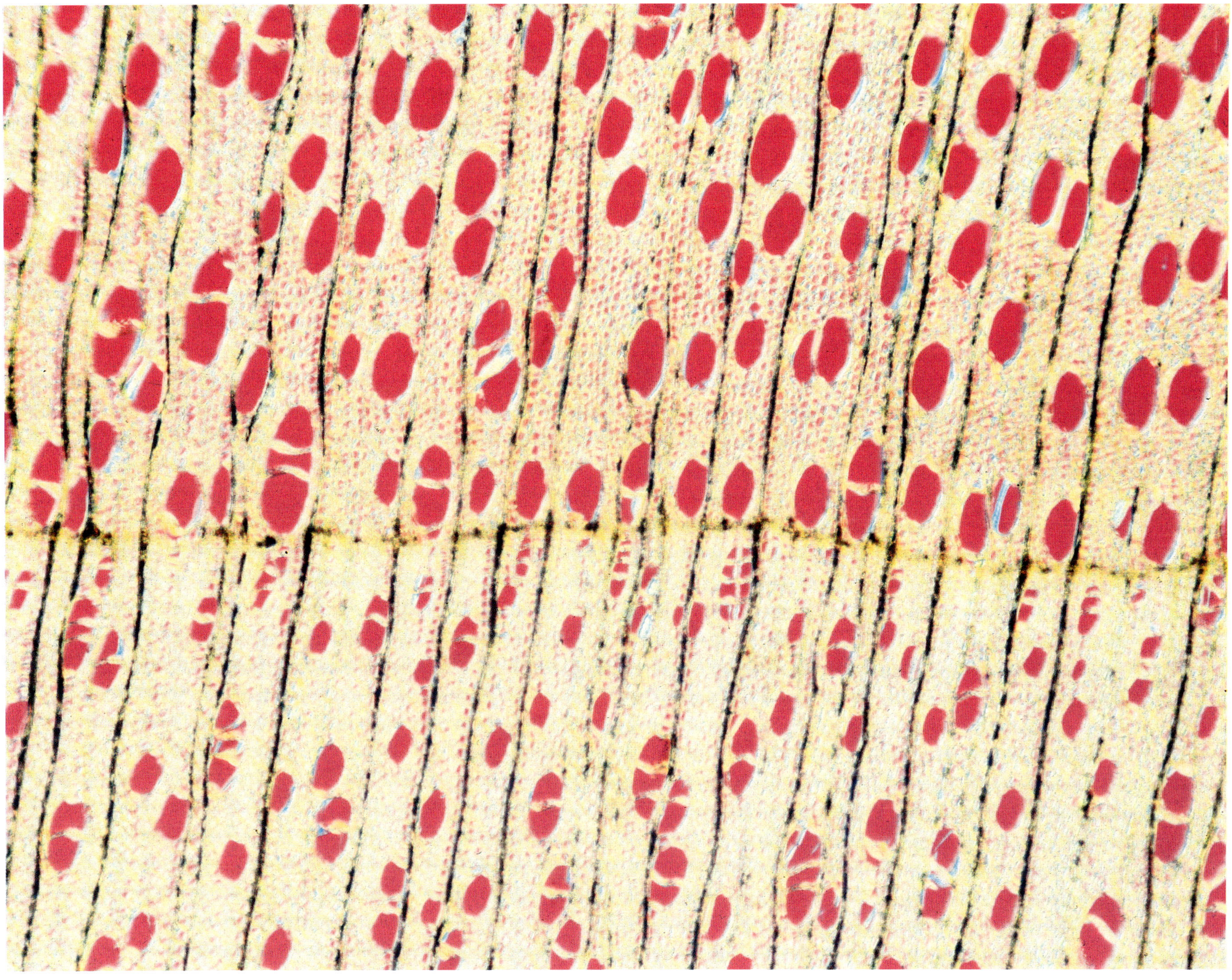

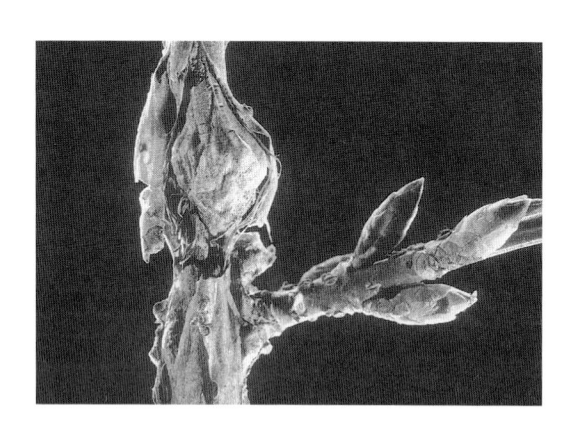

Der nebenstehende Querschnitt einer aufgebrochenen Baumrinde läßt deutlich vier Zonen erkennen, die nur an der Bruchstelle (oben) gestört sind. Zuinnerst befindet sich die Markzone. Sie wird von einem Holzkörper umschlossen, der seinerseits innerhalb der Bastzone liegt. Das äußerste Abschlußgewebe, die Borke, besteht aus stark verkorkten Zellen, die nach außen hin dauernd absterben.

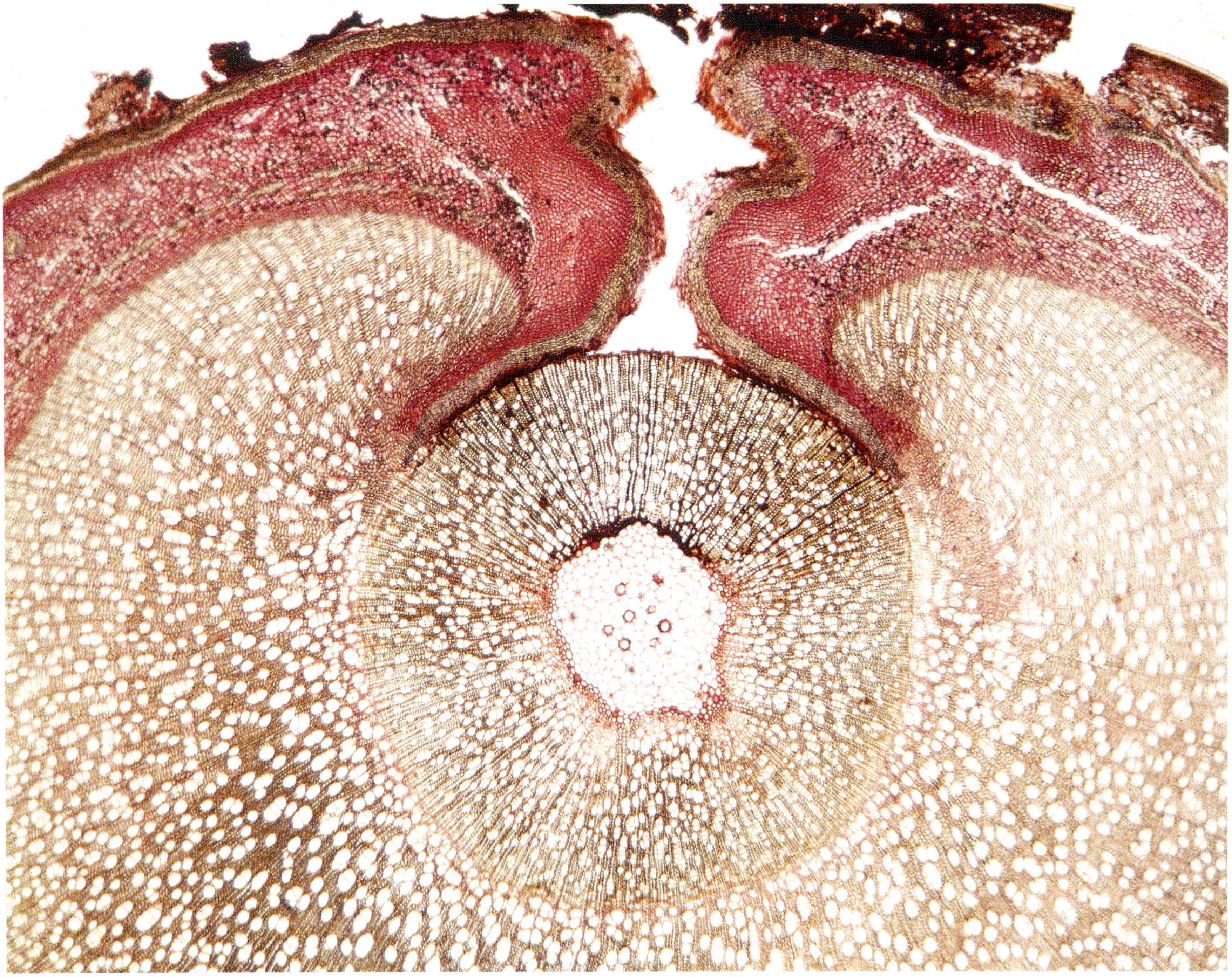

*Die Mistel ist ein Halbschmarotzer, der mit eigenen
Saugorganen (Haustorien) verschiedenen Holzgewächsen Wasser und die darin
gelösten Nährsalze entzieht.
Mit Hilfe des Chlorophylls in den grünen Blättern ist sie in der Lage, durch die
Photosynthese organische Substanzen (Traubenzucker) selbst zu erzeugen und ist nicht –
wie Vollschmarotzer – auf organische Nährstoffe ihres Wirtes angewiesen.*

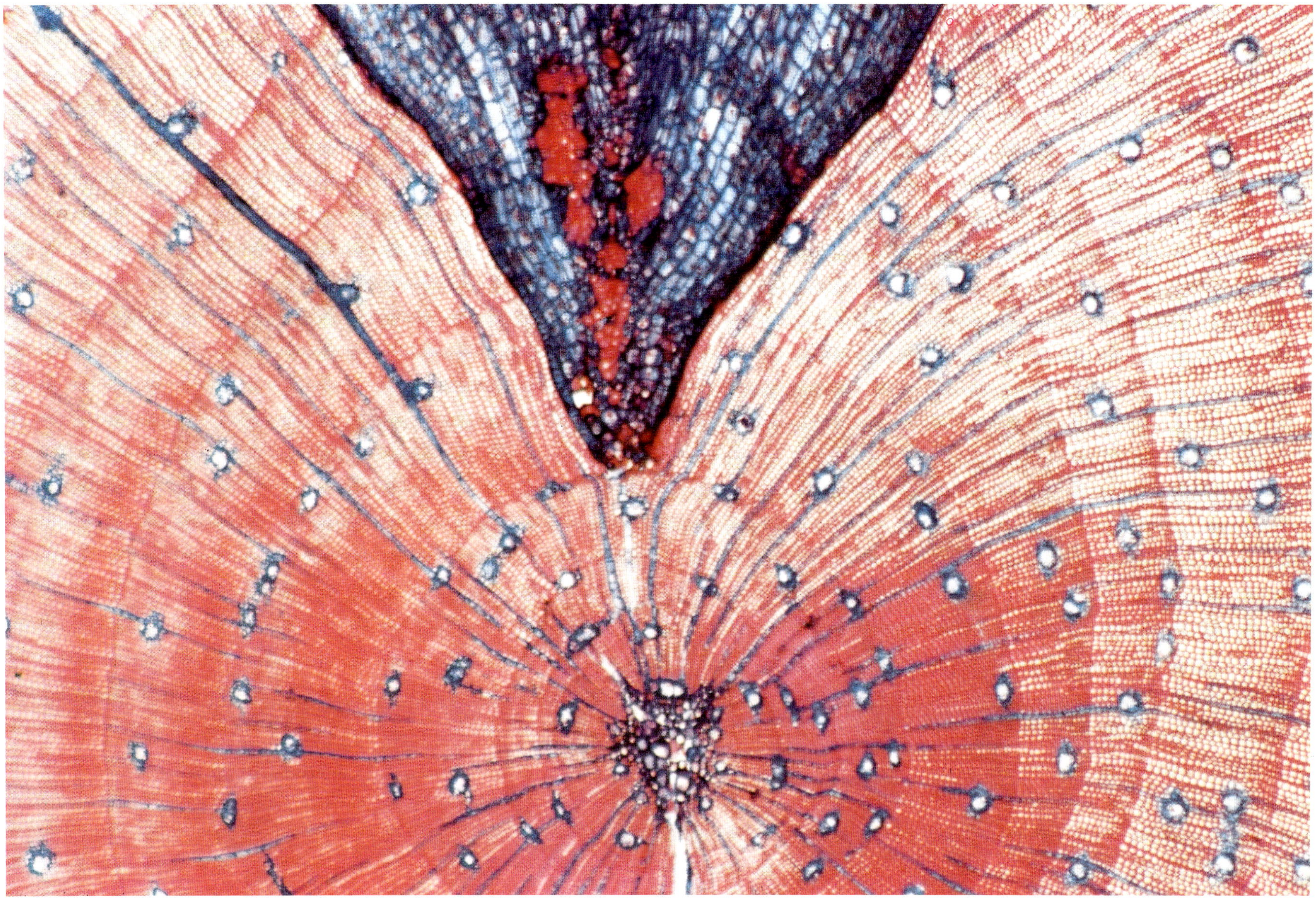

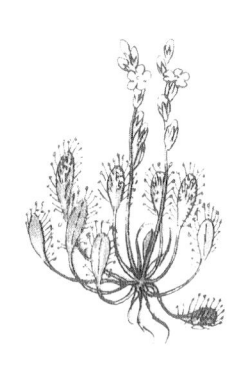

*Die Blätter des Sonnentaus tragen lange, rote Tentakel,
die einen klebrigen Schleim abscheiden. Kleine Insekten bleiben daran haften,
und die benachbarten Tentakel krümmen sich – durch chemische Reizung –
auf das Tier zu. Dieses ist bald völlig eingeschlossen und wird durch die
im Schleim enthaltenen eiweißlösenden Fermente verdaut.*

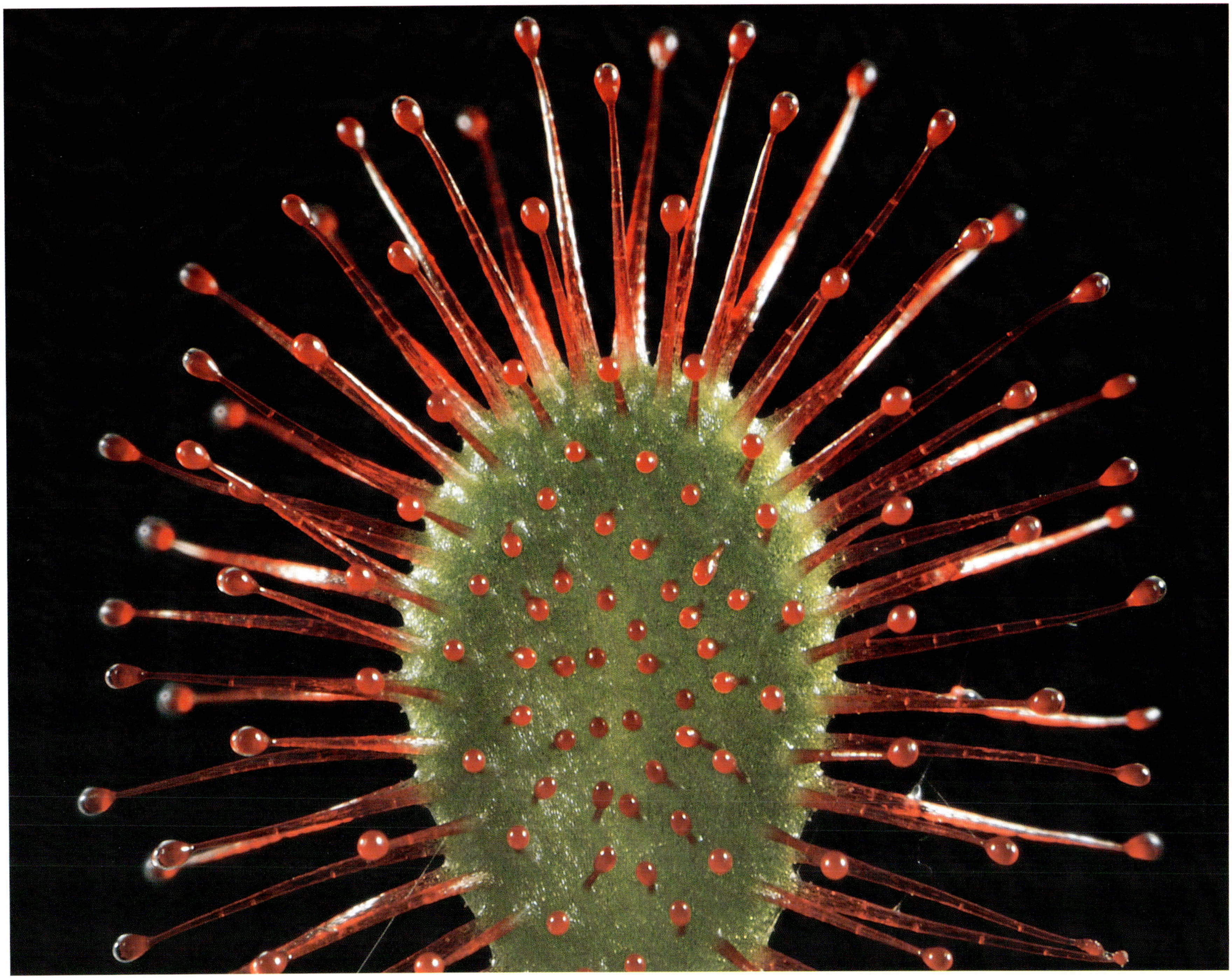

*Die Früchte der Kuhblume gehen mit dem Wind auf die Reise.
Fallschirme aus haarförmig entwickelten Kelchen (Pappus) verhindern
die Sinkgeschwindigkeit.*

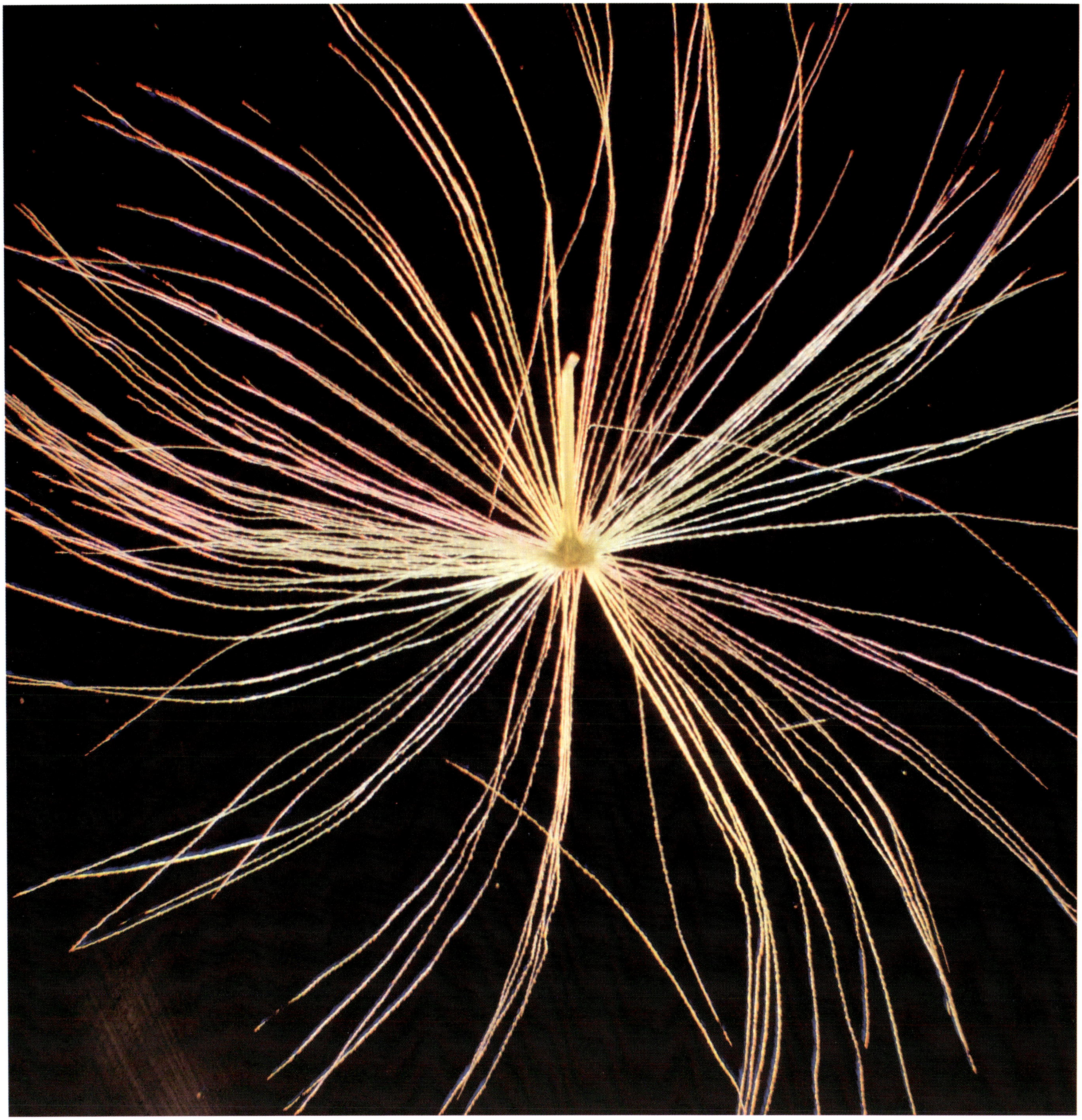

LITERATURNACHWEIS

ALGE, Rudolf: Zur ökologischen Bedeutung des Alten Rheins in der Hohenemser Kurve. In: Montfort. Jg. 39 (1987).
AUBRECHT, Gebhard/BÖCK, Fritz: Österreichische Gewässer als Winterrastplätze für Wasservögel (= Grüne Reihe des Bundesministeriums für Gesundheit und Umweltschutz. Band 3). Wien 1985.
BERNADOTTE, Lennart: Das Bodensee-Manifest. In: Verein für Bodensee-Uferreinigung anläßlich seines 15jährigen Bestehens. Verlag E. Löpfe AG, Rorschach 1980.
BEUTTEN, Hermann (Hrsg.): Bodensee-Dichterspiegel. Verlagsanstalt Merk & Co., Konstanz 1949.
BILGERI, Benedikt: Geschichte Vorarlbergs. Bd. 1–5. Hermann Böhlaus Nachf., Wien–Köln–Graz 1971–1987.
BLUM, Vinzenz: Die Vögel des Vorarlberger Rheindeltas. Konstanz 1977.
BROGGI, Mario: Pflege- und Gestaltungsplan Naturschutzgebiet Rheindelta (Vlbg.). Technischer Bericht. Dezember 1981.
BRUNNER, Ivo: Damals in Höchst. Russ-Druck. Bregenz–Lochau 1989.
BURMEISTER, Karl Heinz: Geschichte Vorarlbergs. Ein Überblick. Verlag für Geschichte und Politik. Wien 1980.
DANIELLI, Giovanni: Räumliche Veränderungen im Bodenseegebiet innerhalb der Jahre 1955 bis 1985. In: Montfort. Jg. 38 (1986). S. 363–374.
DUCHERS MINIATUREN: Der Bodensee in Dichtung und Farbaufnahmen. Luzern und Frankfurt/M. 1978.
EFFINGER, Bruno: Kunst um den Bodensee. In: Montfort. Jg. 38 (1986).
FEGER, Otto: Geschichte des Bodenseeraumes. Bd. 1–3. 4. Auflage. Jan Thorbecke Verlag KG, Sigmaringen 1975.
FEICHTINGER, F./SCHWENDINGER, E.: Die Ergebnisse der Dränversuche im Vorarlberger Rheindelta (= Mitteilungen aus dem Bundesinstitut für Kulturtechnik und Technische Bodenkunde, Nr. 21). Petzenkirchen 1968.
GEBRÜDER WEISS (Hrsg.): Das Weiss-Buch. Bregenz 1975.
GRABHERR, Georg/POLATSCHEK, Adolf: Lebensräume und Lebensgemeinschaften in Vorarlberg. Vorarlberger Verlagsanstalt, Dornbirn 1986.
GRABHER, Markus/BLUM, Vinzenz: Ramsar-Bericht 1. Bestandsaufnahme österreichischer Schutzgebiete. Teil A Rheindelta (= Monographien, Bd. 18). Umweltbundesamt. Wien 1990.
HAGELSTANGE, Rudolf: Einladung an den Bodensee. Verlag Friedrich Stadler, Konstanz 1978.
HOFMANN, F.: Geologie des Bodensees. In: Vermessung, Photogrammetrie, Kulturtechnik. Lebensraum Bodensee. 1/89. Diagonal Verlags AG, CH-Baden-Dättwil 1989.
HORNUNG, Rene: Eingriff in Naturlandschaft am Alten Rhein? In: Bodensee-Hefte, Nr. 9 (September) 1987, S. 14–19.
JANETSCHEK, H.: Die Tierwelt. In: Karl Ilg: Landes- und Volkskunde, Geschichte, Wirtschaft und Kunst Vorarlbergs, Bd. 1. Innsbruck 1961.
JUNG, Mathias/FINKE, Heinz: Geliebter Bodensee. Harenberg Kommunikation. Dortmund 1987.
KIEFER, Friedrich: Naturkunde des Bodensees. Thorbecke Verlag, Lindau und Konstanz 1955.
KLOSER, Martin: Aktuelle Probleme des Vorarlberger Naturschutzrechts. Beispiel: Naturschutzgebiet Rheindelta. Innsbruck 1986.
KÖNIG, Hans: 75 Jahre Internationale Rheinregulierung. In: Vorarlberg, Jg. 5 (1987). Heft 4. S. 31–37.
KOLB, Ernst: Die Entwicklung des Bodenseeraumes in der Neuzeit (Vortrag am 24. 10. 1976 in Meersburg). In: Montfort, Jg. 28 (1976). S. 285–289.
KRIEG, Walter: Der Zustand des Schilfgürtels am Bodensee. In: Montfort, Vierteljahresschrift für Geschichte und Gegenwart Vorarlbergs, Jg. 33 (1981). S. 253–257.
LINGENHÖLE, Walter/STUHLER, Werner: Der junge Rhein. Braunsche Hofdruckerei. Dortmund 1987.
LINGG, Hermann: Der vergessene Poet von Lindau. Begegnung am Bodensee. In: Bodensee-Hefte, Nr. 11, November 1979.
MAURER, Helmut (Hrsg.): Der Bodensee. Landschaft – Geschichte – Kultur. Thorbecke Verlag. Sigmaringen 1982.
MÖHRING, Caroline: Der Rhein – Europas größter Bach. Bodensee-Hefte, Oktober 1985, S. 26–28.
NACHRICHTEN. Mitteilungsblatt der Vorarlberger Naturwacht, Nr. 7, August 1990.
NIEDERER, Gebhard: Gaißau. Aus der Geschichte eines Grenzdorfes. Vorarlberger Verlagsanstalt. Dornbirn 1962.
ORNITHOLOGISCHE ARBEITSGEMEINSCHAFT BODENSEE (Hrsg.): Die Vögel des Bodenseegebietes (= Der Ornithologische Beobachter. Beiheft zu Band 67). 1970.
ORNITHOLOGISCHE ARBEITSGEMEINSCHAFT BODENSEE (Hrsg.): Die Vögel des Bodenseegebietes. Konstanz 1983.
POTT, E./SCHWOERBEL, J.: Der Bodensee in Farbe. Ein Reiseführer für Naturfreunde mit 116 Farbfotos (= Bunte Kosmos Taschenführer). Franck'sche Verlagshandlung, W. Keller & Co., Stuttgart 1978.
RAUH, Peter: Das Klima des Bodenseegebietes. In: Vermessung, Photogrammetrie, Kulturtechnik. Lebensraum Bodensee. 1/89. Diagonal Verlags AG, Baden-Dättwil 1989.
RIEPLE, Max: Verliebt in den Bodensee. Verlag Stähle und Friedel, Stuttgart 1974.
SCHNEIDER, Manfred (Hrsg.): Friedrich Hölderlin. Werke in 4 Bänden. Stuttgart 1922.
SCHUSTER, Siegfried: Vogelwelt am Bodensee. In: Bodensee-Hefte, Nr. 4, April 1982.
TAUSEND JAHRE BODENSEELITERATUR: In: Bodensee-Hefte, Nr. 12 (Dezember) 1977, S. 29–32.
THÜRER, Georg: Der Bodensee im Spiegel des Gedichts. Separatdruck aus dem Rorschacher Neujahrsblatt 1956.
THURNHER, Eugen: Zur Geistesgeschichte des Bodenseeraumes. In: Montfort, Vierteljahresschrift für Geschichte und Gegenwart Vorarlbergs, Jg. 35 (1983). S. 7–16.
VEREIN FÜR BODENSEEUFERREINIGUNG anläßlich seines 15jährigen Bestehens. Verlag E. Löpfe-Benz AG, Rorschach 1980.
VONBANK, Elmar: Der Bodensee im historischen Kartenbild. In: Vorarlberg, Heft 3, Jg. 4, Juli 1966.
von BÜLOW, B.: Bodensee 2000. In: Natur. Horst Stern's Umweltmagazin, Nr. 11, München 1981, S. 38–45.
WEIDMANN, F. C.: Handbuch für Reisende durch Tyrol und Vorarlberg. Leipzig 1854.
WENTZLAFF-EGGEBERT, F. W.: Die Dichtung des Bodenseegebietes. Jan Thorbecke Verlag, Lindau.
WINDISCH, Walter Wolf: Parke und wandere rund um den Bodensee. SVA. Mannheim 1981.
WÜRTH, Bruno: Der Rheinspitz – Geschichte einer Beziehung. In: Bodensee-Hefte, Nr. 9, September 1990.

Die farbigen Landschaftsaufnahmen in diesem Bildband sind eine Auswahl bestprämierter Bilder des Höchster Fotowettbewerbes vom November 1989. Sie wurden dankenswerterweise mit freundlicher Genehmigung von den folgenden Fotografen zur Verfügung gestellt: Günther Fröwis, Wilfried Hollenstein, Karl Humpeler, Gert Rusch, Helmut Schmid, Peter Schneider, Josef Zorin.

Die naturwissenschaftlichen Abbildungen sind mit modernster Hochleistungsoptik der Firma Leica Heerbrugg AG im mikroskopischen Dokumentationslabor Eckhart Brunner, CH-9443 Widnau, erstellt worden.

Fototitel:	Vergrößerung:	Fototitel:	Vergrößerung:
Kopf einer Libellenlarve	45×	Fischschuppe	50×
Feder eines Eichelhähers	20×	Brennesselhaar	150×
Zecke	50×	Schafgarbe – Querschnitt	135×
Süßwasserpolyp am Schilfrohr	25×	Schilfrohr – Querschnitt	120×
Karpfenlaus	100×	Seerosenstengel – Querschnitt	40×
Mückenlarve	30×	Weidenbaumästchen	130×
Schmetterling: „Kleiner Fuchs"	75×	Baumrinde – verletztes Ästchen	60×
Bücherskorpion	70×	Mistelsenker	60×
Schuppenhaut der Zauneidechse	120×	Sonnentau	20×
Darmzotten eines Frosches	150×	Kuhblume	60×

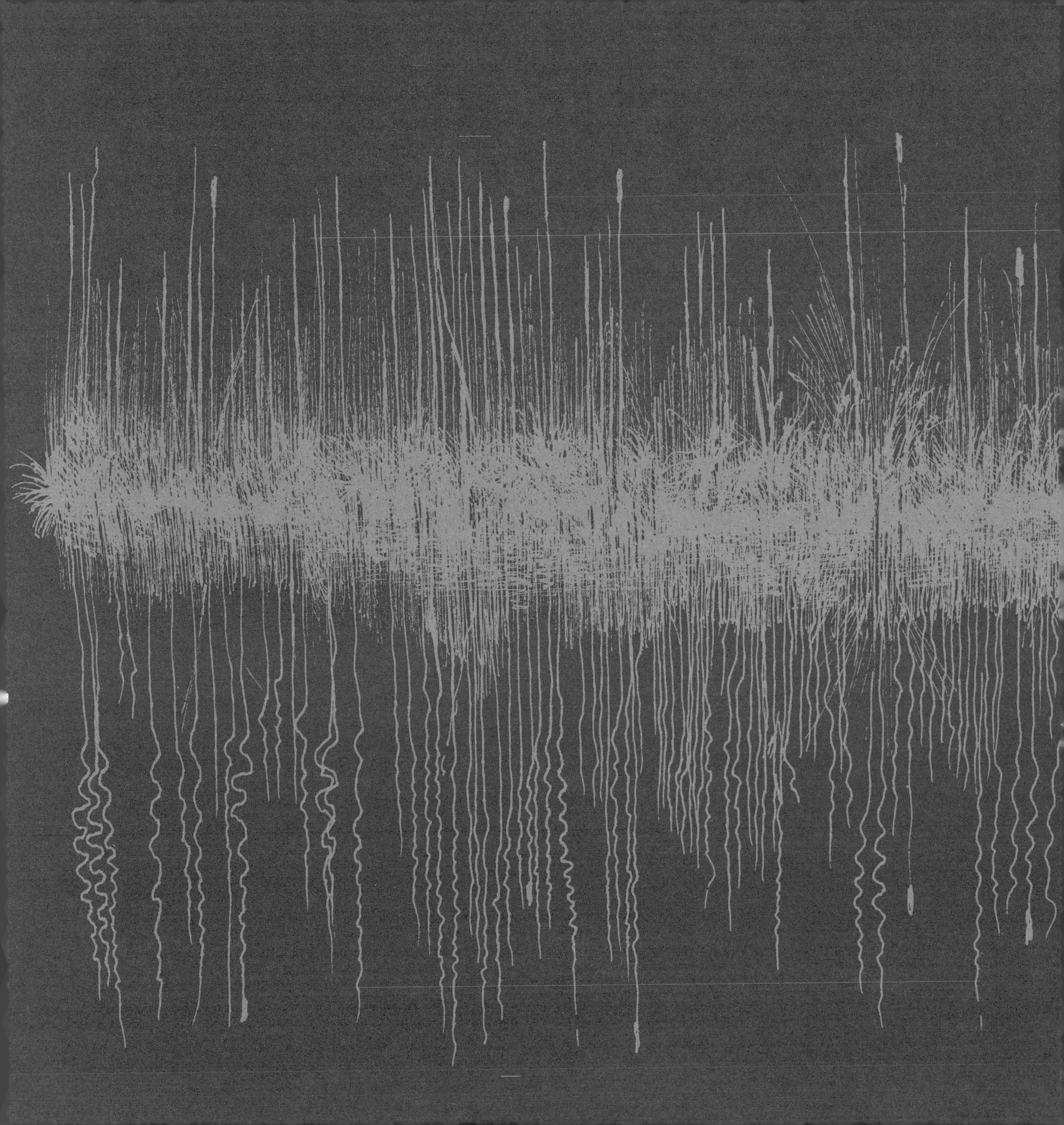